Nachhaltig wirtschaften im 21. Jahrhundert

Stefan Theßenvitz

Nachhaltig wirtschaften im 21. Jahrhundert

Ein Aufruf zu ökonomisch klugem Handeln

Stefan Theßenvitz
THESSENVITZ Unternehmensberatung
Wiesentheid, Bayern, Deutschland

ISBN 978-3-658-33756-8   ISBN 978-3-658-33757-5 (eBook)
https://doi.org/10.1007/978-3-658-33757-5

Die Deutsche Nationalbibliothek verzeichnet diese Publikation in der Deutschen Nationalbibliografie; detaillierte bibliografische Daten sind im Internet über http://dnb.d-nb.de abrufbar.

© Der/die Herausgeber bzw. der/die Autor(en), exklusiv lizenziert durch Springer Fachmedien Wiesbaden GmbH, ein Teil von Springer Nature 2021
Das Werk einschließlich aller seiner Teile ist urheberrechtlich geschützt. Jede Verwertung, die nicht ausdrücklich vom Urheberrechtsgesetz zugelassen ist, bedarf der vorherigen Zustimmung der Verlage. Das gilt insbesondere für Vervielfältigungen, Bearbeitungen, Übersetzungen, Mikroverfilmungen und die Einspeicherung und Verarbeitung in elektronischen Systemen.
Die Wiedergabe von allgemein beschreibenden Bezeichnungen, Marken, Unternehmensnamen etc. in diesem Werk bedeutet nicht, dass diese frei durch jedermann benutzt werden dürfen. Die Berechtigung zur Benutzung unterliegt, auch ohne gesonderten Hinweis hierzu, den Regeln des Markenrechts. Die Rechte des jeweiligen Zeicheninhabers sind zu beachten.
Der Verlag, die Autoren und die Herausgeber gehen davon aus, dass die Angaben und Informationen in diesem Werk zum Zeitpunkt der Veröffentlichung vollständig und korrekt sind. Weder der Verlag, noch die Autoren oder die Herausgeber übernehmen, ausdrücklich oder implizit, Gewähr für den Inhalt des Werkes, etwaige Fehler oder Äußerungen. Der Verlag bleibt im Hinblick auf geografische Zuordnungen und Gebietsbezeichnungen in veröffentlichten Karten und Institutionsadressen neutral.

Fotonachweise: Anja Theßenvitz, Marius Theßenvitz, Adrian Theßenvitz, Stefan Theßenvitz

Planung/Lektorat: Irene Buttkus
Springer ist ein Imprint der eingetragenen Gesellschaft Springer Fachmedien Wiesbaden GmbH und ist ein Teil von Springer Nature.
Die Anschrift der Gesellschaft ist: Abraham-Lincoln-Str. 46, 65189 Wiesbaden, Germany

„Es gibt kein richtiges Leben im falschen."
Theodor W. Adorno

Geneigte Leserin,
Geneigter Leser,

dieses Buch schreibe ich unter dem Eindruck der weltweiten Corona-Epidemie in den Jahren 2020/2021. Wie viele Menschen weltweit empfinde ich die letzten Jahrzehnte unseres globalen Miteinanders als rasende Höllenfahrt. Mit gierig aufgesperrtem Maul frisst sich die Ökonomie in alle Lebensbereiche und hinterlässt furchtbare Verwüstungen – in der Seele der Menschen, in den Lebens- und Arbeitswelten, in unserer Umwelt.

Und plötzlich Stillstand. Ich empfinde die Situation im Sommer 2020 als „Last Call", als Weckruf. Kann es sein, dass wir diesen letzten Warnschuss nicht hören? Ich fürchte ja, denn die Debatte dreht sich darum, möglichst schnell wieder in das alte Gleis zu finden. Also zurück in brutal effizienzoptimierte Arbeitsverhältnisse, zurück zum entwürdigenden Aldi-Lidl-Kaufland-Netto-Konsum, zurück zum kulturlosen Billigflug-Kreuzfahrt-Massentourismus, zurück in eine Welt, in der viele Eltern ihre Kleinkinder in Kitas geben? Warum das alles? Damit noch mehr

Menschen noch mehr Geld verdienen können? Damit wir noch mehr arbeiten können? Damit wir noch schneller billiger produzieren können? Damit wir noch mehr konsumieren können? Damit wir noch häufiger verreisen können?

Eines ist klar. So geht es nicht weiter. Die letzten 30 Jahre haben eindrücklich gezeigt, dass wir die Welt kaputtwirtschaften für einen Wohlstand, der uns von uns selbst entfremdet, der den meisten Menschen und der ganzen Welt enormen Schaden zufügt. Wenn uns jetzt nicht der Wandel gelingt hin zu einem menschlichen Maß des Miteinanders, werden wir Menschen unsere Lebensgrundlagen dauerhaft zerstören. Wir brauchen die Welt, die Welt braucht uns nicht.

Verstehen Sie mich richtig. Ich liebe gutes Essen, wohne gerne kommod, genieße die Ausfahrten mit unserem gepflegten Mercedes und fahre gerne in die Ferien ans Meer und in die Berge. Ich lerne gerne neue Menschen kennen und musiziere mit meinem E-Bass, wann und wo es immer geht – am liebsten mit Musikern aller Couleur.

Ich leide unter einer manifesten Ideologie-Allergie, verachte normatives Denkverhinderungsneusprech (z.B. „Entsorgungspark" [für Mülldeponie], „Freistellung" [für Entlassung], „Klimasünder" [für Ressourcenverschwender], „alternativlos" [ein Diskussionskiller] u. v. a., siehe auch Kap. 7 zum Stichwort „Framing") und scheue die politisch korrekte Pädagogisierung meiner Wahrnehmung und meines Verhaltens. Ich leide immer dann, wenn ein System den Menschen zu einem kaputten Denken, Sprechen und Verhalten zwingt.

Dieses Buch schreibe ich als Betriebswirt. Ich konzentriere mich auf die ökonomische Perspektive eines möglichen Wandels. Meine berufliche Sozialisation begann in den späten 1980er Jahren an der Georg-Simon-Ohm-Fachhochschule Nürnberg. Dort belegte ich

Geneigte Leserin, Geneigter Leser,

neben Marketing und Personalführung unter anderem ein exotisches Wahlfach „Umweltverantwortliche Unternehmensführung." Prof. Dr. Volker Stahlmann öffnete unserem kleinen Kreis den Verstand für ökonomisch kluges Handeln im Miteinander von Mensch und Umwelt. Mein wesentlicher Bezugspunkt im Studium war der herausragende Fachmann und Pädagoge Prof. Dr. Heinz Heidemann für das Lehrgebiet Marketing. Er vermittelte uns erstklassiges Wissen und forderte dessen praktische Anwendung in der echten Welt. Von diesem Geist der Praxis getragen schreibe ich dieses Buch.

Dieses Buch ist keine philosophische Abhandlung über unsere Welt, es liefert keine Rechts-links-oben-unten-vorne-hinten-Ideologie und es dient nicht der pädagogisch wertvollen Umerziehung des Menschen. Dieses Buch bezieht sich auf die Ökonomie – es bezieht sich auf die Bewirtschaftung des Hauses (griechisch: Oikos). Wenn wir über die Bewirtschaftung des Hauses nachdenken, dann gelangen wir zwingend zur Nachhaltigkeit, denn Nachhaltigkeit ist ein Wirtschaftsprinzip. Nachhaltigkeit ist das einzige Wirtschaftsprinzip, das dauerhaft funktioniert. Vor über 300 Jahren von Johann „Hannß" Carl von Carlowitz (*1645 †1714) in Sachsen erfunden[1] und ein großes Geschenk für die Welt ist Nachhaltigkeit die wichtigste Regel jeder gesunden Ökonomie. Seine Erkenntnis in aller Kürze:

„Entnimm maximal so viel, wie wieder nachwächst."

Nachhaltigkeit ist das Prinzip der gesunden Bewirtschaftung. Aus Oikos sind die Begriffe Ökonomie und Ökologie abgeleitet; beide gehören zusammen! Das Werk-

---

[1]Nach Carlowitz, Johann Hannß Carl von: Sylvicultura oeconomica oder haußwirthliche Nachricht und Naturmäßige Anweisung zur Wilden Baum-Zucht, Johann Friedrich Braun, Leipzig 1713, S. 105–106.

Geneigte Leserin, Geneigter Leser,

zeug für eine kluge Bewirtschaftung liefert die Betriebswirtschaft.

Ich bin ein Gewächs der 1980er Jahre und damals verstand man die Betriebswirtschaft als eine Sozialwissenschaft. Man reibt sich die Augen im Jahr 2020, wenn man sich die Leitgedanken der klassischen Betriebswirtschaftslehre vergegenwärtigt.

Die Betriebswirtschaft ist gleichermaßen rational wie sozial orientiert. Alles, was wir tun, muss dem Menschen dienen. Gutes Wirtschaften stellt den Menschen in den Mittelpunkt, es stiftet substanziellen Nutzen und es schafft dauerhafte Werte. Gutes Wirtschaften ist der achtsame Umgang mit unseren knappen Ressourcen, gutes Wirtschaften dient der Wertschöpfung, es ist wirksam, vermittelt Wertschätzung und steigert die Wohlfahrt.

Gerne können wir hierzu auch die christliche Soziallehre heranziehen. Keine Angst, liebe Leser*innen, ich verstehe mich als gottesnah und kirchenfern und will niemanden zu irgendetwas bekehren. Doch die Botschaft von der Bewahrung der Schöpfung geht uns alle an. Wir Menschen sind für unser Tun verantwortlich und Gott gab uns nicht nur Glaube, Liebe und Hoffnung, Gott gab uns auch den Verstand; damit wir unser Tun wägen und reflektieren. Und er gab uns den Mut, uns zu bekennen, eine Haltung zu entwickeln und Neues zu wagen.

Davon bin ich überzeugt: Der Mensch ist gut, unser System ist schlecht. Wir müssen endlich darangehen, unser Wirtschafts-System zu ändern, damit ein gutes Leben wieder möglich wird. Theodor W. Adorno brachte es auf den Punkt: „Es gibt kein richtiges Leben im falschen." In einem falschen System kann nichts Gutes gedeihen. Das gilt für Familien, Vereine, Schulen, Theater, Unternehmen, Staaten und supranationale Verbünde.

Geneigte Leserin, Geneigter Leser,

Nachhaltig wirtschaften bedeutet, sich vom Wohlstandskonzept des „Alles-Immer-Sofort-Billig" zu verabschieden. Vielen Menschen wird dieser Gedanke Angst machen, sie wollen doch nach Corona einfach nur zurück ins alte Gleis. Doch viele andere Menschen wachen jetzt auf und sie erkennen: was wir hier veranstalten ist krank, es ist dumm, es ist beschämend, es ist verantwortungslos, es ist sinnlos und es ist hässlich. Wer diesen letzten Warnschuss gehört hat, ist aufgefordert, unser System zu ändern.

Dieses Buch liefert kein umfassendes detailreiches Konzept für den Wandel, es ist ein Manifest, das zum selber Denken und zum konkreten Handeln auffordert, und es ist eine Streitschrift. Die partiell aufflackernde Polemik ist dem Umstand geschuldet, dass mir die Entwicklungen in unserer Welt körperliche Schmerzen verursachen.

Wenn Sie sich bei der Lektüre leise freuen oder schaumig ärgern, wenn Sie sich heimlich bestätigt oder unheimlich auf die Zehen getreten fühlen – es ist in meinem Sinne. Ich fordere Sie auf, eine Haltung zu entwickeln, den Streit zu suchen und auszutragen; mit dem Ziel, dass wir uns wieder mit unserer Natur versöhnen und das menschliche Maß wiederfinden – im Denken, Fühlen und Handeln.
Mit herzlichem Gruß, Ihr

im Februar 2021
Stefan Theßenvitz[2]
Diplom Betriebswirt (FH)
Wiesentheid

---

[2]Selbstverständlich spreche ich alle Menschen gleichermaßen an: Frauen, Männer, Intersexuelle und Transgender. Für eine durchgängig gute Lesbarkeit verwende ich die genderneutrale Sprache, wo möglich, und beschränke mich, wo nötig, auf die grammatikalischen Geschlechter. Ich bitte um Ihr Verständnis.

Inhaltsverzeichnis

1 Prolog   1

2 Die Leerlaufökonomie   17

3 Nachhaltigkeit ist eine Haltung   29

4 Nachhaltiges Wachstum   57

5 Holz ist der Werkstoff des 21. Jahrhunderts   91

6 Bildung für Nachhaltigkeit   101

7 Nachhaltigkeit braucht Grenzen   129

Epilog   149

Über den Autor

Stefan Theßenvitz, seit 1997 freiberuflicher Unternehmensberater, akkreditiert auf Landesebene und Bundesebene. Die Arbeitsfelder umspannen Innovationen, Marktforschung, Milieuforschung, Marketing, Vertrieb, Dienstleistungsqualität, Öffentlichkeitsarbeit und nachhaltige Unternehmensführung – für Unternehmen, Ministerien, Verbände, Verbünde, Hochschulen und Institutionen in ganz Deutschland.

Mit den Arbeitsfeldern verbunden ist das Coaching von Geschäftsführer*innen und Führungskräften. Neben der Beratungsarbeit hält Stefan Theßenvitz regelmäßig Vorträge auf Symposien und Leitmessen und schreibt für die Fachpresse. Viele Entscheider*innen in Deutschland und Europa interessieren sich für die Arbeit von Stefan Theßenvitz.

www.thessenvitz.de

Seit 1991 hat Stefan Theßenvitz für weit über 200 Kunden an über 300 Einsatzorten in Deutschland und Europa mehr als 1300 Projekte federführend durchgeführt. Mit über 68 % Kundenbindungsquote ist eindrucksvoll bewiesen, dass er Kundenbeziehung kann. Die Referenzliste reicht sprichwörtlich von A bis Z.

In den Themen Handwerk – insbesondere das Zimmererhandwerk, Kultur (Kinder- und Jugendkultur, Kulturinstitutionen), Naturerleben (Biosphärenreservate, Wald, Nachhaltigkeit), Tourismus – insbesondere in Verbindung mit Bildung, Kultur und Naturerleben, Bildung (Erwachsenenbildung, Bildung für Nachhaltige Entwicklung, Umweltbildung, Musikalische Bildung, außerschulische Bildung) ist Stefan Theßenvitz tief verankert.

Geboren 1963 in Hamburg, aufgewachsen in München, Studium in Coburg und Nürnberg, nach vielen Stationen von 2011 bis 2020 in Leipzig, aktueller Lebensmittelpunkt in Wiesentheid, Unterfranken. Verheiratet mit Anja seit 1991 und zwei erwachsene Söhne. Privat beherzter Bassist mit Hang zu Bach und Jazz, Freude am Lesen, am Fotografieren, an guter Küche, an Kraftsport und am Wandern.

Über den Autor

bass.thessenvitz.de

Gelernter Diplom-Betriebswirt (FH), heute freiberuflicher Unternehmensberater, früher Marketingleiter, Vertriebsleiter und Personalleiter in zwei Banken, Mitarbeiter bei den Werbeagenturen Serviceplan GWA (Endverbraucher) und Combera GWA (Handel, B&B), der GfK – Gesellschaft für Konsumforschung und bei Texas Instruments.

Ganz früher war er etwas breiter aufgestellt: In den frühen 1980ern als Türsteher im legendären Pimpernel in München, hin und wieder Lastwagenfahrer für Teppiche und Maschinen für Schlachthöfe, dazwischen Peugeots mit zugeschweißten Kofferräumen für Afrika nach Rotterdam gefahren, Industriearbeiter in der Galvanik bei Siemens, erst Bundeswehr bei einer Nato-Einheit und dann Zivildienst – häusliche Altenpflegehilfe, Bierzelt aufbauen auf dem Münchner Oktoberfest, Diskjockey im Voralpenland und in Schwabing, Obst- und Gemüsekisten schleppen in der Großmarkthalle, Werbetexter für Radio C, Journalist für die Süddeutsche Zeitung, Lagerarbeiter bei Mercedes, Kurierfahrer, Model-Chauffeur für den Burda Verlag, Sonnenbänke montiert in Schwimmhallen und Bordellen, Telegrammbote bei der Post, Börsenkurs-Expertisen für einen Rechtsanwalt, nach der Wende Dozent für Betriebswirtschaft in den neuen Bundesländern.

Über den Autor

» „Was mir wirklich wichtig ist in meiner Arbeit: Menschen in den Mittelpunkt stellen, substanziellen Nutzen stiften, dauerhafte Werte schaffen. Woran ich festhalte, auch wider den Zeitgeist: Die Betriebswirtschaft ist gleichermaßen rational wie sozial orientiert. Alles, was wir tun, muss dem Menschen dienen. Meine Lieblingsworte: Wertschöpfung, Wirksamkeit, Wertschätzung, Wohlfahrt."

Stefan Theßenvitz
Kontakt: stefan@thessenvitz.de

1

Prolog

Nachhaltigkeit ist ein schwieriges Thema, denn es ist in weiten Teilen wider die menschliche Natur. Natürlich sind wir vernunftbegabte Wesen und unser Großhirn ersinnt treffliche Lösungen, zum Beispiel das Fahrrad, die Waschmaschine und die Gewaltenteilung. Wir Menschen sind zudem triebgesteuert und allzu oft siegt das Verlangen. Allein die Sehnsucht nach dem Shopping und nach der Urlaubsreise an einen sonnigen Strand mitten in der Corona-Situation sind Zeichen für die Dummheit der Masse. Wir Menschen sind das alles – bedächtig und gierig, klug und dumm, solidarisch und egoistisch.

Wir selbst sind es, die wir das menschliche Maß immer wieder zu verlassen suchen und kein Mensch kann je so reich sein, dass alle seine Bedürfnisse je befriedigt werden könnten.

> Hier ein Beispiel für die Unendlichkeit unserer Bedürfnisse[1]: In den späten 1990er Jahren arbeitete ich für ein StartUp am schönen Bodensee. Die Gründer waren sämtlich Ingenieure aus der militärisch geprägten Luftfahrtindustrie mit dem Tornado und dem Eurofighter. Die Ingenieure klagten nach ihren Entlassungen ihre Patente erfolgreich ein und entwickelten nun Lösungen für den zivilen Markt. Da waren tolle Sachen dabei von Messrobotern für die Automotiv-Branche über Fahrradrahmen aus Carbon sowie Planarlautsprecher und vieles mehr. Eines Tages rief der Sultan von Brunei an, der damals reichste Mensch der Erde. Er habe von den deutschen Tüftlern gehört und er wünsche sich das Raumschiff Enterprise – aus der TV-Serie Star Trek – in seinem Palastgarten. Man tüftelte und entwickelte und nach ein paar Monaten Planungsphase beugte man sich gemeinsam über

---

[1]Im Marketing spricht man von Bedürfnissen und Bedarf. Bedürfnisse gehen per definitionem gegen unendlich.

die Entwürfe. Da sprach der Sultan von Brunei, das sei alles ganz wunderbar, doch man habe ihn offensichtlich falsch verstanden: „Das Ding soll fliegen".

Das Prinzip der Nachhaltigkeit ist eine fulminante Leistung des Großhirns, denn es gebietet den Verzicht und das Unterlassen für etwas Größeres, Abstraktes, nicht Greifbares und nicht unmittelbar Vorteile Schaffendes. Das Prinzip der Nachhaltigkeit funktioniert nur, wenn die meisten Akteur*innen dieses Prinzip zur Maxime ihres Handelns erheben. Denn die Masse der Konsument*innen ist dumm und gierig – wir selbst sind die Konsumschweine am Trog des Neoliberalismus, der uns mit dem Billigplunder sediert.

Das Prinzip der Nachhaltigkeit ist eine Vereinbarung, die wir eingehen, ebenso wie das Prinzip des globalisierten Neoliberalismus. Für ein besseres Verständnis hole ich etwas aus.

Sehr viel früher dominierte das Prinzip des ehrbaren Kaufmanns und Handwerkers. Ein Kunde bestellte bei einem Tischler einen Wäscheschrank. Der Tischler nahm Maß, besorgte das Holz, die Scharniere und Beschläge, er instruierte seinen Gesellen und seinen Lehrling, er überwachte die Arbeit, legte selbst meisterhaft Hand an, er lieferte, montierte und erhielt seinen gerechten Lohn. Der gerechte Lohn errechnete sich aus den direkt und indirekt zurechenbaren Produktionskosten (Arbeitszeit, Material, Werkstattkosten) zuzüglich einem Gewinnaufschlag, den der Tischler für Investitionen benötigte. Daraus entstand übrigens die kaufmännische Rechnung (Kosten- und Leistungsrechnung, Deckungsbeitragsrechnung, Betriebsabrechnung). Die Art und Weise der Kalkulation fußte auf einer Vereinbarung.

Heute erhält der Handwerker den Auftrag, einen Wäscheschrank zu produzieren und die ersten Fragen sind: „Bin ich der Einzige, der Wäscheschränke kann?", „Wie groß ist aktuell die Nachfrage nach Wäscheschränken?", „Welche Preise nimmt der Wettbewerb für Wäscheschränke?", „Wie kaufkräftig ist mein Auftraggeber?". Es geht heute nicht mehr um die Herstellkosten als kalkulatorische Grundlage, es geht um den maximal möglichen zu erzielenden Preis. Auch das Prinzip der Gewinnmaximierung ist eine Vereinbarung. Genau deshalb entstehen heute unsere Wäscheschränke unter meist menschenunwürdigen Bedingungen, denn den Gewinn kann ich auch maximieren, in dem ich die Herstellkosten minimiere. Und genau deshalb kommen unsere Turnschuhe und Outfits aus Bangladesch, Kambodscha und aus Vietnam.

Die Werte des Neoliberalismus sind

- Ausbeutung – die Ausbeutung von Mensch und Natur,
- Entfremdung – die Entfremdung von unserer Natur, damit der Konsum auf Platz eins steht in der Bedürfnishierarchie und
- Verwüstung – Verwüstung von gesellschaftlichem Zusammenhalt durch Hyperflexibilisierung, Hyperindividualisierung und inszenierter Orientierungslosigkeit.

Marylin Manson, ein US-amerikanischer Musiker, Künstler, Sänger und Schauspieler sagte dazu: „Ängstliche, verunsicherte und vereinsamte Menschen konsumieren einfach mehr." Auch einen Spruch eines hohen Tieres einer internationalen Werbeagentur – wir plauschten viel entlang meines Vorstellungsgesprächs als Assistent der Geschäftsleitung – habe ich immer wieder im Kopf: „Glückliche Menschen kaufen keine Luxusprodukte."

1 Prolog

Eine weitere fatale Entwicklung, die zu immer mehr Entfremdung und Ausbeutung führt, ist die Durchdringung der Ökonomie in alle Lebensbereiche. Man kommt sich dumm und rückständig vor, wenn man nicht mitspielt. Ich fahre in die Ferien, da kann ich meine Wohnung bei AirBnB vermieten. Mein Auto steht viel rum, da kann ich doch zwischendurch für Uber eine Fahrt übernehmen. Am Wochenende gehen wir nicht einfach wandern mit Karte und Brotzeit im Rucksack, nein, wir buchen das Nachhaltigkeits-Glamping Paket inklusive pädagogisch wertvollen Event-Modulen für mehr Natur-Spirit. Gerhard Polt erfand hierzu das „Fresh-Air-Snapping", ich ergänze das „Slow-Ball-Fanging", das lässt sich ideal im Freibad spielen. Noch viel besser ist das gegen Zusatzentgelt erhältliche Trampolinhopsen. Männo, denke ich mir manchmal, welcher Quadratmeter existiert einfach nur so? Die abschmierende Freizeitwirtschaft in Deutschland im Sommer 2020 macht das sehr deutlich. Nahezu jede unserer Handlungen ist ökonomisiert. Nahezu jede Straße ist vollgeknallt mit Bistrostühlen, nahezu jede Region ist touristisch erschlossen.

Auch das Kinder-haben ist den Gesetzen der Ökonomie unterworfen. Mutti und Papi gehen beide arbeiten, das Kind kommt in die Kita. In der Kita arbeiten professionell Erziehende und so werden aus einem Arbeitsplatz drei Arbeitsplätze. Bis in die 1980er Jahre hinein arbeitete (meist) der Mann, er erwirtschaftete das Familieneinkommen, meist kümmerte sich die Mutter um die Kinder und den Beruf des professionell Erziehenden gab es schlicht flächendeckend nicht. Wir haben heute in Deutschland die höchste Erwerbsdichte aller Zeiten – bezogen auf die Gesamtbevölkerung gingen noch nie so viele Menschen einer Erwerbstätigkeit nach.

Die Corona-Situation seit Sommer 2020 zeigt sehr deutlich, welche Systeme funktionieren (die wenigsten) und welche Systeme nicht funktionieren. Zum Beispiel ist die voll erwerbstätige Familie mit Homeschooling und Homeoffice schlicht dysfunktional. Die Familie wird weder den Kindern noch der Arbeit gerecht. Das wurde sie vor Corona zwar auch nicht, aber da war dies nicht offensichtlich. Letztlich folgen erwerbstätige Eltern den neoliberalen Prinzipien des Outsourcings.

Alles, was nicht die Kernkompetenz betrifft – was auch immer das ist – wird nach außen vergeben. Denn die können das besser und vor allem billiger. So werden Kinderbetreuung und Erziehung outgesourct. Und was ist dann die Kernkompetenz der Eltern? Den Kühlschrank auffüllen?

Auch das System Schule offenbart manifeste Schwächen. Die langjährigen Versäumnisse der Digitalisierung an und in den Schulen rächen sich bitter. Ein ganzer Jahrgang Schüler*innen geht verloren, weil die Lehrer keine Ahnung von digitaler Bildung haben, weil die digitale Infrastruktur fehlt und auch, weil die meisten Schüler*innen keine digitalen Qualifikationen haben. Nein, Instagram-Stories schreiben und Youtube-Filmchen glotzen[2] ist keine digitale Kompetenz. Wer bitte hat 20 Jahre lang Lehrer*innen eingestellt und weitergebildet? Wer bitte hat dieses fulminante, unentschuldbare Versäumnis zu verantworten? Die Versäumnisse in der Digitalisierung entstanden bereits in den 1980er Jahren bis zur Jahrtausendwende durch Kommunalpolitiker*innen, oft männliche Herrschaften ab etwa 50. Stichworte hierzu: Glasfaserkabel, Google-Street-View. In Google Maps[3] sehen Sie das sehr eindrücklich: Zoomen

---

[2] Kleine Reminiszenz an Nina Hagens: „Ich glotz TV."
[3] https://www.google.de/maps/@47.5885592,12.1187665,5z (Zugriff 27.03.2021).

1 Prolog

Sie auf Google Maps die Europakarte und ziehen Sie das gelbe Männchen unten rechts über die Europakarte. Deutschland ist digitale terra incognita.

Allein eine prognostizierte Corona-Situation brachte unser Gesundheitssystem an den Rand des Kollapses. Mal ganz zu schweigen von fehlenden Cent-Artikeln wie Mundschutz und Einweg-Kitteln. Die hektische Räumung der Krankenhäuser und das Verschieben von plötzlich vermeidbaren Operationen und der damit verbundenen drohenden Insolvenz war dem Umstand geschuldet, dass Krankenhäuser wie Unternehmen gemanagt werden, die Geld verdienen müssen und für ihre Anteilseigner*innen Dividende erwirtschaften müssen.

Das müssen Sie sich auf der Zunge zergehen lassen. Die aus Krankenkassenbeiträgen der Solidargemeinschaft finanzierten Krankenhäuser erwirtschaften Gewinne, die an die Anteilseigner*innen ausgeschüttet werden. Verstehen Sie mich richtig, wegen mir darf jeder einen Maserati und eine Riva-Yacht fahren, aber bitte nicht mit meinen Krankenkassenbeiträgen. Etwaige Überschüsse mögen doch bitte dem Personal und der Ausstattung zugutekommen.

Wir können sehr dankbar sein, dass unsere Wasserversorgung funktioniert und der Strom aus der Steckdose kommt, zumindest das haben wir noch nicht restlos kaputtgewirtschaftet.

Nachhaltiges Wirtschaften erkennen Sie immer daran, dass ein System stressresistent ist, dass es Störungen aushält, dass es robust funktioniert und dass es kalkuliert überdimensioniert ist. Das ist natürlich nicht betriebswirtschaftlich optimal, doch es ist verantwortlich und klug.

Haben Sie schon einmal darüber nachgedacht, wem die überbordende Masse an Arbeitskräften in Deutschland nutzt? Nein, nicht den Menschen, die Masse der Arbeitskräfte dient der Wirtschaft – um die Löhne niedrig zu halten, um als Arbeitnehmer*in erpressbar zu sein. Lustigerweise dienen die vielen Arbeitnehmer*innen auch nicht dem Gemeinwohl, denn 10% der Bevölkerung trägt mehr als 50% zur Einkommensteuer bei. Etwas mehr als 2% aller Steuerpflichtigen tragen rund 25% zu den Einnahmen aus der Einkommensteuer bei. 30% der Erwachsenen bezahlen keine Einkommensteuer, darunter sind neben den Rentner*innen insbesondere sehr viele Niedriglöhner, Teilzeitarbeiter*innen und Geringverdiener.

Würde in der Gemeinschaft bedeutet vor allem, dass ich etwas zur Gemeinschaft beitragen kann und darf. Dieses Beitragen-Wollen und -Können ist ein Bedürfnis jedes Menschen, es beginnt in der Familie und setzt sich in Vereinen und Unternehmen fort.

Hausarbeiten zum Beispiel – Müll raustragen, Flur saugen, Zimmer aufräumen, Tisch decken – sind Kindern solange eine selbstverständliche Freude, solange sie das für die Gemeinschaft tun. Zerstört wird die Freude durch die Bezahlung der Leistung. Die Ökonomisierung der Leistung zerstört den Impuls, etwas freiwillig und gerne zu tun. Arbeitnehmer*innen, die mit ihrem geringen Lohn nicht steuerpflichtig werden, tragen nichts zur Gemeinschaft bei. Der Zusammenhang von eigener Leistung und eigenem Beitrag zum Gemeinwohl geht verloren. Für viele Menschen sind das dann eben nicht mehr ihre Schule, ihr Krankenhaus, ihr Stadtpark, ihr Arbeitsamt, ihr Bürgeramt und entsprechend achtlos gehen sie dann damit um.

1 Prolog

Die Werte der nachhaltigen Wirtschaft sind

- Würde – die Würde der Produzenten und der Lieferanten,
- Qualität – die Qualität der Herstellung und der Verarbeitung für einen langlebigen Gebrauch und eine leichte Reparierbarkeit, und
- Schönheit – die Schönheit, die immer dann spürbar wird, wenn das Produkt allen Sinnen Freude bereitet.

Im Kern bedeutet nachhaltiges Wirtschaften Achtsamkeit. Das ist natürlich eine Zumutung, denn es bedeutet auch Verzicht, Unterlassen, „nicht machen".

Auch der Gedanke Ernesto „Che" Guevaras bringt uns nicht weiter. Er sagte, jeder nehme sich so viel, wie er zum Leben braucht. Auf die Frage, ob es denn in Ordnung sei, wenn jemand mehr nimmt, als er braucht, antwortete Che, ja klar, diese Menschen seien dumm, damit seien sie genug gestraft und deshalb dürften sie gerne mehr nehmen. Che arbeitete ja am Konzept des „hombre nuevo", des „neuen Menschen". Wie das ausging, wissen wir.

Das Prinzip der Nachhaltigkeit wird immer schnell ideologisch überwölbt. Auf der einen Seite fantasieren die „Linken" von Enteignung, Grundeinkommen und sinnvoller Zwangsarbeit von Reichen. Auf der anderen Seite geifern die „Rechten" ihren völkischen Heimatunsinn in die Welt und erträumen sich eine Welt voller Mauern und Zäune. Warum ich die politischen Richtungen in Anführungszeichen setze? Beide sind Unsinn, denn beide verkleben mit ihren Parolen den Zugang zum klaren Denken. In manchen Aspekten haben beide Recht.

„Macht kaputt, was euch kaputtmacht". Das stimmt. Den Vergewaltigern unserer Erde können wir nicht drohend mit einem beherzt geschwenkten Zeigefinger und einem gewaltfreien „Dududu" gegenübertreten. Ebenso wenig können wir zulassen, dass die Familie als Keimzelle unserer Gesellschaft zerstört wird.

Das ganze Geschrei um die richtige Ideologie führt in die Irre und, egal, in welche Richtung Sie laufen, rechts- oder linksherum, hinten wird es immer braun. Die Nationalsozialisten – und das wird gerne ignoriert – waren Sozialisten mit der Vergesellschaftung des Eigentums, der Auflösung der Familien, dem Abschaffen der Gewerkschaften und der Kirche und vielem anderen, was den Menschen von sich selbst entfremdete, seine Selbstermächtigung erschlaffen ließ und ihn damit gefügig machte für das Neue.

> Die Keimzellen des gesellschaftlichen Wandels waren die Hitlerjugend und der Bund Deutscher Mädel, nach dem Krieg gab es unter anderem die Jungen Pioniere und die Freie Deutsche Jugend; alles Erfindungen linker Diktaturen, der NSDAP und der SED. Den wahren Konservativen ekelt es vor der Masse, er bleibt lieber zuhause, seine Kinder spielen Fußball, lernen Gitarre und singen, gehen Reiten und üben sich im Ballett.

Das Prinzip der Nachhaltigkeit ist in alten Kategorien gemessen beides – extrem links und extrem rechts – und an diesem Punkt muss es gesagt sein, das Prinzip der Nachhaltigkeit ist radikal neu und es muss radikal umgesetzt werden. Nachhaltig wirtschaften ist ein klares Nein gegen Ausbeutung, es ist ein klares Nein gegen Eigentum an knappen Ressourcen, auf die jeder Mensch angewiesen ist – zum Beispiel Grund und Boden, es ist ein klares Ja zur Bildung und Ausbildung, es ist ein klares

1 Prolog

Ja zur Familie und es ist ein klares Ja für technischen Fortschritt und Erfindungen, die der nachhaltigen Entwicklung dienen und damit die Welt besser machen.

Erschreckend ist der Impuls, nach Corona wieder ins alte Gleis zurück zu wollen. Unser wirtschaftliches, gesellschaftliches und politisches Handeln der letzten 30 Jahre hat uns doch den Schlamassel eingebrockt. Gut wäre es, bewährte Lösungen wieder mit Leben zu erfüllen – zum Beispiel den Güterverkehr auf die Schiene zu bringen – und dort neue Lösungen zu finden, wo sie wirklich angebracht sind – zum Beispiel die individuelle Mobilität neu verhandeln, bewerten, strukturieren und organisieren.

Wir müssen raus aus den alten Kategorien, wir müssen das menschliche Maß finden, wir brauchen eine neue Vereinbarung.

Nachhaltig wirtschaften ist gebunden an Werte. Der Betriebswirtschaft wird ja gerne unterstellt, sie hätte keine Werte und im mathematischen Sinn stimmt das auch. $1 + 1 = 2$, das gilt überall. Allerdings müssen wir immer den Zeithorizont mit hinzuziehen und dann sehen die Rechnungen sehr unterschiedlich aus.

Ich erinnere mich an den Satz eines Managers. Er sagte „Wenn ich etwas nicht will, dann lasse ich es rechnen." Hier ist ein Beispiel für Sie.

In den frühen 2000er-Jahren war ich Teil eines internationalen Forscherteams, das den Werkstoff Holz im großen Stil für den Städtebau erprobte – für Neubauten, Aufstockungen, Anbauten und Modernisierungen. Das Herzstück der Idee war das Bauen im Bestand. Wie kann es ins Werk gesetzt werden, dass Bestandsbauten der 1950er bis 1980er Jahre aus Stahlbeton mit Holz modernisiert werden können? Krankenhäuser, Kreisverwaltungen, Hochhäuser, Schulen. Meine Aufgabe war das Marketing – die Vermarktung der Idee. Ein zentraler Aspekt meiner Arbeit war die Berechnung der Kosten und Erträge mit einer nachhaltigen Modernisierung. Geringere Kosten fielen an durch die Baustellenarbeiten, höhere Kosten fielen an für die Erstellung der Module. Das Ergebnis war, dass sich eine energetische Modernisierung nach ungefähr zehn Jahren rechnete und im Verlauf der Nutzung hochgerechnet auf den Neubaustandard von 60 Jahren sehr schöne Erträge abwirft; bei gleichen oder sinkenden Bruttowarm-Mieten und Erhaltungsarbeiten für das Gebäude und verbunden mit einer deutlich höheren Nutzungsqualität der Gebäude.

Das Ende vom Lied? Wir saßen den Immobilien-Manager*innen gegenüber und die rechneten in Quartals-Zeiträumen, maximal in Zwei-Jahres-Horizonten. Aus deren Sicht rechnete es sich nicht, denn die Anteilseigner*innen wollten ja Rendite, und zwar sofort. Sie entschieden sich meist für das Styropor an der Außenwand, das zwar nicht zu knapp Gifte an die Umwelt abgibt, nur wenige Jahre hält und als Sondermüll endet – aber Hauptsache, die jährliche Rendite stimmt.

Ich habe gelernt, das betriebswirtschaftliche Rechnen folgt Vereinbarungen. Die Betriebswirtschaft ist – im Kontext als Sozialwissenschaft – Werten verpflichtet. Es ist unsere Aufgabe, Werte zu definieren und Vereinbarungen zu treffen, was wir wie rechnen wollen. Und dann setzen wir diese Werte durch.

Mit diesen Appetithappen zu Beginn steigen wir jetzt in das Buch und seine Themenkreise ein. Ich hoffe, Sie haben Hunger bekommen! Die folgenden Beiträge sortieren sich rund um die Betrachtungen des Marktes, der Gesellschaft, der Unternehmen und ihrer Beschäftigten, der Kund*innen und der Politik – denn sie alle wirken zusammen, wenn es um nachhaltiges Wirtschaften geht.

Das Wasser wird heiß

Sie kennen das widerliche Experiment mit den beiden Fröschen und den beiden Wassertöpfen: Sie nehmen zwei Wassertöpfe und füllen Wasser hinein, so viel, dass ein Frosch bequem darin hocken kann. Den einen Topf stellen Sie auf den Herd und erhitzen das Wasser darin, bis die ersten Luftblasen aufsteigen. Den griffbereiten Frosch flugs hinein in das heiße Wasser und flugs springt der Frosch wieder hinaus. Er mag es nicht, das heiße Wasser.

Den anderen Frosch setzen Sie in das kühle Wasser in den Topf. Den Topf auf den Herd und die Platte angestellt wird das Wasser warm. Und wärmer. Und wärmer. Der

Frosch hockt und glotzt. Das Wasser wird heiß und der Frosch verkocht im Topf, er ist nicht gesprungen.

Für den ersten Frosch war das heiße Wasser ein Schock, sein Instinkt sagte ihm, „raus hier, aber flott." Der zweite Frosch hatte Zeit, sich an das wärmer werdende Wasser zu gewöhnen, so lange, bis es zu spät war.

Ich bin in den 1970er und 1980er Jahren groß geworden und zum Leidwesen meiner Söhne erzähle ich oft und gerne von dem Paradies, in dem ich aufwachsen durfte. Meine Söhne kennen das alles nicht, die Zeit mit dem VW-Käfer und dem Kassettendeck und den drei Fernsehprogrammen und den Klamotten, die in der Geschwisterkette durchgereicht wurden, und dem selbstgebackenen Erdbeerkuchen, den es nur gab, wenn die Erdbeeren reif waren im Garten, den Geschäften, die Mittwochnachmittag geschlossen hatten und ab 18:00 Uhr sowieso und dem Papa, der auf Arbeit ging und die Mutti kümmerte sich daheim. Sie wissen schon, was ich meine. Vor 50 Jahren war der westliche Wohlstand deutlich geringer und die gesellschaftlichen Vereinbarungen waren andere und verbindlicher. Nazi sein war irgendwie schon o.k. und Frauen auf den Hintern tatschen auch. Wer ausbrechen wollte aus dem Normengefüge, bezahlte einen hohen Preis und musste dafür nicht selten in die große anonyme Stadt ziehen.

Für meine Söhne ist das Jahr 2020 Normalität – mal abgesehen von Corona. Für sie ist alles immer sofort verfügbar und bezahlbar, im Internet gibt's eigentlich alles und so gut wie jeder Lebensentwurf ist überall möglich. Außer Nazi sein, das ist nicht mehr so o.k. und Frauen auf den Hintern tatschen geht gar nicht.

Worauf ich hinaus will: Mit dem Wachstum des Wohlstands wuchsen auch dessen Zumutungen, hier nur in Schlagwörtern: Umweltzerstörung, Klimawandel, hocheffiziente Massenproduktion, Ausbeutung der Arbeiter*innen in Asien, Leistungsverdichtung, Ökonomisierung der Freizeit. Für meine Söhne ist das alles irgendwie „Mist, aber ist halt so", für mich ist das kaum auszuhalten. Ich will hier raus. Würde man uns alle schlagartig von den 1970ern in die Gegenwart beamen, würde uns das Grauen packen angesichts dessen, was wir angerichtet haben.

Denken wir 50 Jahre weiter in das Jahr 2070 und denken wir uns einen linearen Fortgang dieser Entwicklungen, wer würde freudig rufen, oh ja, da will ich hin? Noch mehr Konsum, noch mehr arbeiten, noch mehr Globalisierung, noch mehr Autos und Mobiltelefone, noch mehr Verfügbarkeit von allem, noch mehr Flexibilisierung? Weniger Nazis wäre natürlich klasse und die echte Gleichstellung aller Menschen auch!

Es muss gelingen, die guten Seiten des Fortschritts mitzunehmen und ein neues Gleichgewicht zu finden. Unsere neue gesellschaftliche Vereinbarung muss zwingend das zerstörerische Feuer der überbordenden Ökonomisierung auf ein menschliches Maß bändigen und die Würde, die Freiheitsrechte, die Selbstbestimmungsrechte und die Lebensrechte jedes Menschen wahren und weiterentwickeln. Mit einem „Weiter so" werden wir schlicht verkochen.

2

Die Leerlaufökonomie

Wie eingangs erwähnt hatte ich in den späten 1980er Jahren das Glück, ein Seminar bei Prof. Dr. Volker Stahlmann zu besuchen: Umweltorientierte Unternehmensführung. Unser kleiner Kreis behandelte so exotische – damals weltfremde – Themen wie Kreislaufwirtschaft und Ressourcenschonung und wir gingen der Frage nach, welchen Wert man einem Singvogel zumessen könne.

Wir waren die letzte Generation an der Hochschule, die die Betriebswirtschaft als eine Sozialwissenschaft beigebracht bekam. Damals kochte in Deutschland der Neoliberalismus hoch mit der absurd dämlichen Trickledown-Ökonomie und die wirklich coolen Socken mit den Ray-Ban-Sonnenbrillen und ihren gesponsorten Alfa Romeos und BMWs stürzten sich auf Finanzierung, auf Controlling und Lean-Management. Meinereiner fuhr Rad, spielte Frisbee im Park und ging gerne in den Bärleinhuter, eine Kneipe in der Nürnberger Altstadt hinter dem Henkersteg. Mehr sage ich jetzt nicht. Wer damals dabei war, weiß, was ich meine, und alle anderen will ich hier nicht langweilen.

So, genug Stories vom Krieg und zurück zu Umweltorientierte Unternehmensführung. Darin ging es auch um die Frage, wie volkswirtschaftlich betrachtet Werte entstehen und Prof. Stahlmann brachte es drastisch plastisch auf den Punkt. Ein Auto dengelt so richtig in die Leitplanke, es sind Verletzungen der Fahrerin und des Beifahrers zu beklagen, das Auto ist hinüber, die Leitplanke auch. Es kommen mit Lalülala die Polizei, die Feuerwehr, der Krankenwagen, der Abschleppwagen und es beginnt das große Aufräumen: Die Insassen ab ins Krankenhaus, der Wagen in die Schrottpresse, die Leitplanke wird ersetzt und nach der Reha der beiden Autopiloten stellen sich wieder Gesundheit und Normalität ein.

Dieser Unfall produzierte volkswirtschaftlich betrachtet Wohlstand. Die Ärztinnen und Pfleger hatten gut zu tun, ebenso der Rettungsdienst, die Polizei, die Feuerwehr, die Straßenmeisterei und der Mann an der Schrottpresse. Am Ende kaufen sich die beiden ein neues Auto und alles ist wieder gut. In der Summe ging dieser Unfall als Teil des Bruttoinlandsprodukts in die volkswirtschaftliche Gesamtrechnung ein. Deutschland war wieder ein bisschen reicher. Ich dachte mir so beim dritten Bier im Bärleinhuter, wenn wir jetzt alles kaputtmachen und dann wieder neu, dann müssten wir alle unermesslich reich werden.

Natürlich ist das Schmarrn und das weiß auch jeder, doch genauso tickt die klassische Ökonomie. Und sie tickt immer noch so und mittlerweile ist das System noch viel perfekter geworden. Versuchen Sie doch einfach mal, Ihr Radio zu reparieren oder Ihr Smartphone oder Ihr Auto oder Ihren Kühlschrank oder Ihre Computertastatur oder

2 Die Leerlaufökonomie

Ihre Bluetooth-Box und Sie erleben eine steile Lernkurve. Es klappt nicht, das selber reparieren. Am einfachsten ist der Neukauf und weg mit dem alten Zeug. Kostet halt, aber in der Summe werden wir alle reicher.

Tja, auch ich falle immer wieder darauf rein, zum Beispiel gerade jetzt, mitten im Winter 2021 mit Corona überall. Eigentlich ist es ganz einfach: ich will einen Arbeitstisch mit Holzplatte und Stahlfüßen darunter, also drei Teile mit ein paar Schrauben. Solide Lowtech ohne Höhenverstellung und Soft-Touch-Schubladen, einfach einen Tisch. Ich bestelle den Tisch online, wie auch sonst, und der Tisch ist wirklich teuer und in Deutschland gefertigt.

Der Tisch wird geliefert, der Aufbau geht flott von der Hand und mit großer Vorfreude auf den nächsten Tag – den ersten Arbeitstag am neuen Tisch – gehe ich heiteren Gemütes zu Bett. Am nächsten Morgen mit Kaffee in der Hand an den Tisch und mit Hand darüber spüre und sehe ich einen üblen Riss an der Tischkante, der sich im Laufe des Tages zügig vorarbeitet. Erste Überlegungen führen zu dem Gedanken, den Tisch mittels Spanngurt und Holzleim wieder in Form zu bringen. Dummerweise wandert der Riss immer weiter und die Tischfläche beginnt sich links vom Riss in Richtung Tischkante anzuheben. Diese Reparatur bekommen wir – meine Frau und ich – nicht hin.

Wir bitten den Hersteller um eine Lösung. Die Antwort erfolgt zackig vorgestanzt, es handele sich um ein Naturprodukt, Veränderungen des Tisches seien im Zeitablauf normal und damit müsse man leben. Ich untersuche den Tisch genauer und bemerke an der Tischunterseite mit Schrauben fixierte Stahlleisten – und genau an einer (mit Gewalt und schief eingedrehten) Schraube löste sich durch den Riss die Verspannung der Tischplatte. Es war also schlicht Achtlosigkeit in der Montage, die zu der Rissbildung nach dem Aufbau führte.

Nach einigem Hin und Her bot der Hersteller einen Austausch der Tischplatte an. Das Für und Wider abwägend (Sauarbeit inklusive E-Mail-Geschreibe und Geschleppe versus täglich ärgerlicher Anblick) entscheiden wir uns für den Austausch. Nach vielen Fotos und E-Mails kommt die neue Tischplatte – ohne Füße, denn dies sei ja eine Austauschplatte. Leider weiß die Spedition nichts vom dem Austausch und so zieht die Spedition leer ab und die neue Tischplatte in unser Heim. Wir werkeln die alte Tischplatte ab und oje – die Schraubungen der Füße und die Schrauben des alten Tisches passen nicht zu den Gewinden der neuen Tischplatte.

Nach unserer E-Mail an den Hersteller ließen wir uns erstmal ordentlich beschimpfen, wir hätten nicht vereinbarungsgemäß gehandelt. Jetzt besiedeln zwei Tischplatten unser Heim und ein paar Füße und wir sind dankbar, unserer Volkswirtschaft so tatkräftig geholfen zu haben. Wenn jetzt doch eine Corona-induzierte Rezession kommt, an uns liegt es nicht. Der Hersteller hatte doppelt Arbeit, die Spedition fuhr doppelt und einmal sogar leer, die e-mailenden Mitarbeiter*innen hatten gut zu tun, auch die Telekom profitierte, auch waren und sind vielerlei Emotionen im Spiel.

Ein Resümee, das ich mir nicht verkneifen will: In meiner Welt, die mit dem Rad, der Frisbee und dem Bier im Bärleinhuter würde der Hersteller einen Tisch produzieren, der auf Anhieb funktioniert. Nur zur Erinnerung: Es geht um eine Holzplatte, zwei Füße und vier Schrauben, das ist weder kompliziert noch komplex. Dummerweise würde in meiner Welt die Tischplatte nur einmal produziert werden, die Spedition würde nur einmal fahren und die Mitarbeiter*innen in der Rückabwicklung und Reklamation würden einer anderen Arbeit nachgehen, weil es diese Stellen gar nicht gäbe.

Diese Welt nenne ich Nachhaltig Wirtschaften und diese Welt ist völlig ideologiefrei. Diese Welt ist schlicht vernünftig, achtsam und umsichtig. Schon klar, das ist jetzt ein winziges Beispiel für den täglichen Leerlaufwahnsinn. Wir denken weltweit und in Deutschland über die Energiewende nach und über den Klimaschutz und wir schrauben uns mit Gift gefüllte Energiesparlampen in die Zimmerdecken und -wände – und das nicht zu knapp – und wir kapieren nicht, dass eine Veränderung unseres Wirtschaftssystems hin zu Sorgfalt, Prozessoptimierung und Reparaturfreundlichkeit wahnsinnig viel Energie einsparen würde. Zum Schluss träume ich: Alles, was wir der Leerlaufökonomie (die Wiederherstellung von allem, was wir selbstverschuldet kaputt oder falsch gemacht haben) zurechnen können, wird ab sofort von unserem Bruttoinlandsprodukt abgezogen. Und dann schauen wir mal, wie reich wir wirklich sind.

2.1 Der 9. Oktober 2020 – Der Tag der Bankrotterklärung

Am 9. Oktober 2020 wurde der Friedensnobelpreis vergeben. In der engeren Wahl standen das UN-Welternährungsprogramm, das WFP – World Food Programme und in der engeren Wahl stand auch Greta Thunberg. Greta Thunberg ist das Gesicht der globalen Jugendbewegung für „Sustainability". Man entschied sich für das UN-Welternährungsprogramm. Verstehen Sie mich richtig, diese Entscheidung ist aller Ehren wert.

Doch blicken wir auf die Botschaft der Entscheidung. Was will uns das Nobelpreiskomitee damit sagen? Man entschied sich für eine Reparaturwerkstatt und nicht für die Manufaktur des Neuen. Das WFP mildert die schlimmsten Folgen der Art und Weise, wie wir unsere Welt gestalten. Kurz gesagt:

> Das WFP ist Teil des Spiels.
> Greta Thunberg hingegen versaut das Spiel.

Die Wahl des WFP ist ein klares Zeichen für das „Weiter so". Das WFP stellt sich als größte humanitäre Organisation der Vereinten Nationen dem Kampf gegen den Hunger auf der Welt. Ja klar, nicht alle Probleme dieser Welt sind dem bösen alten weißen Mann – dem imperialistischen Westen – geschuldet. Doch wenn Ausbeutung ein wesentlicher Teil unseres Wirtschaftssystems ist, dann tragen wir auch die Verantwortung für die Folgen unseres Handelns, ganz konkret: Unser Handeln erzeugt blanke Not und Hunger. Und das in einer Welt, in der jeder Mensch satt werden könnte; wenn man denn wollte. Wenn man das System verändern würde.

2.2 Die Zeit der großen Verwirrung

Stand Winter 2020/2021 mitten im Corona-Fieber: Niemand hat Überblick über die Situation. Niemand kennt das Ausmaß des Schadens. Doch jeder weiß, wie die Zukunft aussehen wird. Mein Eindruck: Wir reden nicht mehr miteinander, wir schreien unser Ängste und Hoffnungen in die Welt. Die populärste Hoffnung dieser Tage: „Ich will mein altes Leben zurück."

Mal ernsthaft, wollen wir das wirklich?

- Das Primat der Ökonomie dominiert,
- die Ausplünderung der Erde schreitet voran,
- die Ausbeutung der Menschen wird weiter optimiert,

- immer schneller immer mehr Konsum,
- ungebremst fortschreitender Klimawandel,
- immer mehr Hass in der Gesellschaft,
- Arbeit und Privatleben werden zum Daseinsbrei.

2.3 Kein Zurück in die Zukunft

Je nach Dauer und Schwere der Corona-Pandemie werden sich unsere gesellschaftlichen Vereinbarungen verändern. Ein Zurück ins alte Gleis wird es nicht geben, da bin ich mir ganz sicher. Anbei zwei Szenarien, wie sich unsere Zukunft gestalten könnte:

Zur Hölle mit der Erde
Die Pandemie wird zügig mit einem Impfstoff besiegt. Wir holen auf und nach, was wir versäumt haben: Mehr Konsum, Tourismus, Hedonismus und Arbeit. Wir verstärken unsere Anstrengungen, mit alten Methoden die Folgen der Corona-Pandemie zu bekämpfen.

Stichpunkte: Mehr, länger und billiger arbeiten, höhere Produktivität, massive Einsparungen im Kultur- und Sozialbereich, noch mehr Eigenverantwortung, Abschottung der reichen Länder von den Armen dieser Welt, Flexibilisierung der Wertschöpfungsketten, Auflösen des Sozialpaktes, kurzfristige ökonomische Verwertbarkeit hat oberste Priorität

Das Zeitalter der Nachhaltigkeit
Die Pandemie dauert drei Jahre – einen dauerhaften Schutz wird es nicht geben. Wir verändern unsere Sichtweise auf die Welt, unsere Werte und unser Verhalten. Wir schaffen neue Vereinbarungen für ein gedeihliches Miteinander aller Menschen auf unserer Erde.

Stichpunkte: Kultur der Achtsamkeit gegenüber Mensch und Natur, faire Arbeitsbedingungen, Erneuerung des Sozialpaktes, Primat der Menschenliebe, Reduzierung der Globalisierung auf ein den Menschen vor Ort dienendes Maß, ehrliche Einpreisung der Umweltschäden von Produkten und Dienstleistungen, weniger Haben – mehr Sein, Verzicht als Wert begreifen

Es ist wie beim Arzt: Je schwerer und langwieriger die Krankheit, desto höher ist die Wahrscheinlichkeit für eine die Situation verbessernde Verhaltensänderung.

2.4 Der düsterhelle Blick nach Vorne

Bleiben wir sachlich und stellen die beiden Szenarien „Zur Hölle mit der Erde" und „Das Zeitalter der Nachhaltigkeit" gegenüber und vergleichen wir diese an Hand von sechs einfachen Kriterien. Erscheinen Ihnen beide Szenarien gleich wahrscheinlich?

	Zur Hölle mit der Erde	Das Zeitalter der Nachhaltigkeit
Warum das Szenario realistisch ist	Das Vorgehen ist erprobt und bewährt. Die Menschen haben sich daran gewöhnt	Nachhaltigkeit ist das einzige Prinzip, das alles in der Waage gedeihlich wachsen lässt
Warum das Szenario unrealistisch ist	Die Kosten werden immer höher, der Nutzen immer geringer – es gibt zu viele Verlierer*innen	Die Dynamik des Anthropozäns ist zu stark – dieses Zeitalter muss sich selbst auslöschen
Begünstigende Faktoren	Das globalisierte Kapital ist vernetzt und mächtig und dient nur seinen Interessen	Nachhaltigkeit ist die einzige weltumspannende Jugendbewegung

	Zur Hölle mit der Erde	Das Zeitalter der Nachhaltigkeit
Hinderliche Faktoren	Es ist so gut wie alles ausgequetscht – die Ressourcen sind endlich und erschöpft	Der Weg ins Neue ist ungewiss, wir werden Fehler machen und die Zeit läuft uns davon
Persönliche Einschätzung in dunklen Stunden	Wir fahren die Erde an die Wand, einfach weil wir als Spezies zu dumm sind	Nachhaltigkeit wird die nächste Unterdrückungs-Ideologie
Persönliche Einschätzung in hellen Stunden	Wir sind vernunftbegabte, solidarische Wesen und wir wachen auf. Wir nehmen das Schwert der Selbstermächtigung in die Hand und wir kämpfen gemeinsam	

Mir erscheint das Szenario „Zur Hölle mit der Erde" realistischer, einfach, weil nirgends Anzeichen eines vernunftgesteuerten und nachdrücklich eingeforderten Wandels sichtbar sind. Alle Initiativen pro Nachhaltigkeit folgen der alten Logik (zum Beispiel Elektroautos) oder sie sind zusätzlich dazu ideologisch eingefärbt, ökonomisch nicht aus eigener Kraft lebensfähig und taugen nicht als Sehnsuchtsort (zum Beispiel Biosphärenreservate).

2.5 Von Schafen und Wölfen

Metaphorisch gedacht leben wir in der Welt der Schafe und Wölfe. Die Schafe leben gerne gesellig in Herden, sie fressen Gras und sie sind friedfertig. Sie verfügen weder über Werkzeuge für den Angriff noch für die Verteidigung, das Friedfertige entspricht ihrer Natur. Wölfe leben in kleinen Rudeln – junge Wölfe suchen sich eher früher als später ein eigenes Revier, seltener beißen sie das Leittier tot, um selber die Führung zu übernehmen. Wölfe sind vermutlich die besten Raubtiere auf dieser Erde.

Angenommen, auf dieser Welt leben 1000 Schafe und fünf Wölfe, wer regiert die Welt? Wer lebt in Angst? Wer wird gefressen? Übertragen wir das Bild auf uns Menschen. Ist es nicht auch hier so, dass die meisten Menschen ihren Frieden wollen, ihre Kinder erziehen, arbeiten gehen und abends eine Wurst grillen und dass die wenigen Menschen mit viel Macht und Geld die Spielregeln unseres Zusammenlebens diktieren? Kann es sein, dass wir auch verschiedene Menschenarten haben und die Raubtiere unter uns die Welt in Angst, Not und Schrecken halten?

Mir sagte einmal ein Psychologe im Rahmen eines Führungstrainings, die Persönlichkeitsstruktur von Führungskräften entspräche meist der von Schwerstkriminellen. Empathielos, manipulativ, gierig, gewaltbereit. Der entscheidende Unterschied wäre – so der Psychologe – dass die meisten Führungskräfte Freude dabei empfinden, andere zu schinden und zu unterdrücken. Und wie reagieren die Schafe? Mit Angst, mit Loyalität, mit Anpassung, mit Speichelleckerei, denn die Schafe haben naturgegeben keine Wahl, sie können nicht anders.

Ich habe große Sympathie für die Analogie von Schaf und Wolf. Ich kenne einige Wölfe seit früher Jugend, aus meinem Studium und aus meinem Berufsleben.

Um ganz persönlich zu werden. In meiner Schulzeit gab es einen Klassenkameraden, der seine Oma – sie war Geldbotin – überfallen ließ. Seine Komplizen waren ebenfalls Klassenkameraden von mir, sie waren ihm hörig, so würde ich das heute bewerten. Sie beteiligten sich an dem ausgeklügelten Überfall, um damit ihre Freundschaft zu festigen. Wissen Sie, wie die beiden Komplizen die Oma erkannten? Der Enkel holte die Oma abends vom Geschäft ab und hakte sich auf dem Weg zur Bank bei ihr unter. Viele Jahre später begegnete ich dem ehemaligen Klassenkameraden zufällig in einem Biergarten, er erzählte, er käme gerade aus dem Gefängnis wegen Urkundenfälschung und Scheckbetrug und so. Warum ich diese Geschichte kenne? Ich war auch als Teil des Räuberteams vorgesehen, schlief allerdings wochenlang furchtbar schlecht und sagte am geplanten Tag des Überfalls meine Teilnahme ab, ohne die geplante Tat meiner Freunde bei der Polizei anzuzeigen. Der Coup flog auf, die Klassenkameraden flogen von der Schule, ich wurde als Mitwisser genannt und erhielt meine gerechte Strafe mit 80 Arbeitsstunden Sozialdienst. Diese Zeit im Sozialdienst der evangelischen Kirche war übrigens eine sehr gute Zeit, doch davon erzähle ich ein andermal.

2.6 Das große Dilemma

Die glücklichste Epoche für die Menschen in Deutschland war vermutlich die Bronzezeit. In und um Sachsen-Anhalt lebten wenige Menschen weit verstreut in kleinen Gruppen, die so gut wie alles teilten – die Arbeit, die Kindererziehung, die Jagd, das Sammeln. Die Bronzezeitmenschen lebten auf fetten Böden mit reichen Erträgen in einem angenehmen Klima – es war deutlich wärmer als heute – die Flüsse waren voller Fische und in der Flur hopste das Wild. Blutigen Streit gab es keinen, denn wenn es jemandem zu bunt wurde, packte er seine Sachen und zog ein paar Tagesreisen weiter, um an neuen Gestaden sein Ding durchzuziehen.

> Wer auch immer in seinem Leben ein großartiges Museum über die Menschheitsgeschichte besuchen möchte, dem sei das Landesmuseum für Vorgeschichte in Halle an der Saale empfohlen. Ausgehend von dem Fund der Himmelsscheibe von Nebra entstand eine Dauerausstellung über das Leben der Menschen in der Bronzezeit. Nehmen Sie sich die Zeit, studieren Sie und staunen Sie.

In der Rückschau auf die Bronzezeit offenbaren sich zwei offensichtliche Gründe, warum die Menschheit heute im Dauerstreit lebt: Wir sind zu viele Menschen und wir haben das Eigentum an Grund und Boden erfunden. Wir treten uns gegenseitig auf den Füßen rum, rangeln im engen Sandkasten und wer die größte Schaufel hat, baut die größte Burg. Das ist fatal.

Die Überbevölkerung, die großen Schaufeln in den Händen weniger grober Jungs und das Eigentum an Grund und Boden sind nur schwer rückgängig zu machen. Wer an einer dieser Schrauben dreht, macht sich rundum Feinde. Das Dilemma ließe sich nur auflösen, wenn wir unser Miteinander auf dieser Welt gemeinsam grundlegend neu dächten und entsprechend handelten – dazu würde auch gehören, den groben Jungs die großen Schaufeln aus den Händen zu winden und diese Schaufeln zu zerbrechen. Denn wer eine große Schaufel hat, wird sie nutzen.

3

Nachhaltigkeit ist eine Haltung

Nachhaltigkeit ist ein Wirtschaftsprinzip – das hatten wir bereits – und jede Form von Wirtschaften basiert auf Werten. Bei mir im Bücherschrank stehen Bücher über den Sozialistischen Kaufmann aus meiner Zeit, als ich nach der Wende in den neuen Bundesländern die acht Disziplinen der Betriebswirtschaft unterrichtete und mir diese Bücher als Zeitdokumente von meinen Schüler*innen erbat; das Kapital von Karl Marx steht neben den Büchern von Friedrich August von Hayek und Milton Friedman, den Begründern der Chicago Boys. Dazu gesellt sich das sehr lesenswerte Buch von Naomi Klein, die Schock-Strategie. Natürlich steht da auch John Maynard Keynes mit seinem Konzept des Deficit Spending, das sich für die ökonomische Entwicklung unserer Bundesrepublik als segensreich erwies. Jeder dieser Autoren vertritt Werte und ausgehend von diesen Werten entwickelten sie ihre ökonomischen Theorien und Prinzipien.

Es kommt immer auf die Perspektive an, von der aus man rechnet und welche Kosten man hinzunimmt. In der neoliberal verfassten Weltordnung werden externe Kosten wie Menschenschinderei und Umweltverbrauch nicht hineingerechnet in die Produkte. Deshalb sind viele Produkte so unverschämt billig. Die Ausbeutung ist schlicht nicht eingepreist. Ich war und bin ein Freund der Vollkostenrechnung. Mit ihr wird deutlich, wer die Zeche zahlt und ob sich etwas wirklich rechnet.

Nachhaltiges Wirtschaften wird ja gerne als Ad-On, als On-Top, als tolle Ergänzung zum bisherigen Wirtschaftssystem hinzugenommen. Dort dient es dann als Lack, als Setzkasten für Sonntagsreden und wirklich jeder kann sich damit bestreichen, einseifen oder andere einwickeln. Genau das ist nachhaltiges Wirtschaften NICHT, es ist keine Ergänzung, es ist keine Weiterentwicklung von etwas Bestehendem, es ist kein Reparatursatz mit Quick-Fix-Tools, es ist kein Komponentenkleber, der dem Neoliberalismus die Nachhaltigkeit aufpappt und alles ist gut. Der dialektische Unsinn beginnt ja schon bei dem „Weniger ist Mehr". Weniger kann auch falsch sein. Weniger allein ist keine Qualität per se, weniger ist ganz einfach nur weniger und mehr ist mehr. Ausbeutung ist Ausbeutung und nachhaltig ist nachhaltig. Herrschaftszeiten, ist das so schwer zu kapieren?

Mehr vom Mehr kann richtig super sein, wenn das Mehr nachhaltig ist. Würde ein Controller einen Apfelbaum designen, dann würde er ihm vermutlich nur einen Apfel als Frucht zugestehen, denn dieser genügt ja für die Fortpflanzung, alles andere wäre Energieverschwendung. Das Prinzip unserer Natur ist der Überfluss, das können Sie jedes Frühjahr bestaunen. Wenn es gut gemacht ist, dann könnte auch das Prinzip der nachhaltigen Wirtschaft zu einem wunderbaren Überfluss führen. Leider werden zum Prinzip der Nachhaltigkeit dialektisch der Verzicht, die Askese, die Enthaltsamkeit, auch die Scham (Flugscham, Wohnscham) und Schuld hinzugefügt. Verzicht ist immer dann richtig, wenn das Viele schlecht ist (Diesel-PKW und die üble Atemluft in vielen Städten) und dieses Viele zumindest weniger wird. Verzicht ist immer dann falsch, wenn das Wenige gut ist (öffentlicher Nahverkehr) und noch weniger werden soll.

Dummerweise sind viele Menschen, die sich dem Prinzip der Nachhaltigkeit verpflichtet fühlen und sich als Promotoren und Agitatoren der Idee verstehen, asketisch geprägte Individuen – Pädagog*innen in Umweltinstituten, Biolog*innen in Bildungseinrichtungen, Soziolog*innen in politischen Stiftungen. Deren Habitus ist schwer vermittelbar, diese Menschen erzeugen kein Sehnen nach mehr Nachhaltigkeit. Wie sehr wünsche ich mir einen lebensprallen Mann oder eine barocke Frau, die mit Lust und Energie die Idee der Nachhaltigkeit charismatisch 'rüberbringen.

Es geht nicht darum, die Schwachstellen im neoliberalen Wirtschaftssystem zu beseitigen. Denn das neoliberale System lebt von den Schwachstellen, sie sind systemimmanent. Diese Schwachstellen in Stichpunkten: Billiglöhne, Umweltzerstörung, Ressourcenfraß. Zusammengefasst: Ausbeutung.

Es geht darum, das neoliberale Wirtschaftssystem zu beseitigen. Nachhaltiges Wirtschaften ist ein radikal anderer Ansatz des Wirtschaftens und in der knappen Darstellung der Prinzipien mache ich mir hoffentlich viele Freunde und vermutlich auch Feinde.

Übersicht

1. Nachhaltigkeit beginnt mit der Eigenverantwortung. Jeder Mensch ist selbst für sein Leben verantwortlich. Er soll mit seinem Handeln anderen Menschen keinen Schaden zufügen.
2. Nachhaltigkeit fördert die Freiheit in Verantwortung. Freiheit beginnt immer bei einem selbstbestimmten Lebensentwurf. Freiheit gelingt nur mit Verantwortung. Das Ende der Freiheit beginnt immer bei der Fremdbestimmung. Auch Transferleistungen der Gemeinschaft fördern die Fremdbestimmung.
3. Nachhaltigkeit lebt von gesellschaftlichen Vereinbarungen. So wie es den meisten Menschen klar ist, dass man andere Menschen nicht beleidigt, muss es den Menschen klar sein, dass man seine leere Bierflasche wieder mit nach Hause nimmt.
4. Nachhaltigkeit braucht Gesetze. Gesetze regeln menschliches Verhalten und ermöglichen die Ahndung von Fehlverhalten. Es wäre eine Utopie zu glauben, dass sich Nachhaltigkeit von selber durchsetzt. Nachhaltigkeit muss auch per Gesetz durchgesetzt werden.
5. Nachhaltigkeit braucht Eigentum, denn Eigentum fördert die Verantwortung. Nachhaltigkeit begrenzt das Eigentum immer dann, wenn es anderen Menschen zum Schaden gereicht oder wenn es sich um lebensnotwendige und knappe Güter handelt, zum Beispiel Grund und Boden und Wasser.
6. Nachhaltigkeit fördert das Gemeinwohl. Jeder Mensch trägt zum Gemeinwohl bei, durch seine Arbeit und durch seine Steuern. Die Wertschätzung des Gemeinwohls wächst in dem Maße, wie jeder Mensch daran mitwirkt.
7. Nachhaltigkeit braucht Kapital. Finanzielles Kapital ermöglicht Investitionen in gute Lösungen. Das finanzielle Kapital muss nachhaltig eingesetzt werden. Das finanzielle Kapital muss dem Menschen dienen. So schafft das finanzielle Kapital auch soziales Kapital.

Sie verstehen, warum nachhaltiges Wirtschaften kein „Weiter so" bedeuten kann mit kleinen Änderungen an den Stellschrauben? Nachhaltigkeit ist eine Haltung. Das ist jetzt fast pathetisch, doch Nachhaltigkeit ist ein Bekenntnis. Ein Bekenntnis kann auch etwas Schönes sein, zum Beispiel das Bekenntnis zu unserem Grundgesetz. Würde man dieses in seinem erdachten Sinne anwenden, dann wären wir auf dem Weg zur nachhaltig agierenden Gesellschaft bereits ein großes Stück weiter. Ich denke hierbei an die Würde des Menschen und die dem Eigentum innewohnende Verpflichtung zum Gemeinwohl.

3.1 Die Philosophie der Ökonomie

Die Philosophie der Ökonomie ist die Philosophie dessen, wie es kommen muss, wenn man nichts ändert. Nehmen wir als Beispiel unser schönes Deutschland und beschreiben dessen Ist-Zustand im Sommer 2020:

- Der demographische Wandel führt zu einer massiven Überalterung der Gesellschaft und damit sinkt das Produktivitätspotenzial auf Dauer erheblich.
- Deutschland ist nicht mehr in der Lage, robust funktionierende Flughäfen, Bahnhöfe und Lokomotiven zu bauen, gleichzeitig verrottet die Infrastruktur (Kanäle und Straßen). Auf den Autobahnen herrschen Zustände wie in der zweiten und dritten Welt – kaputte Straßen, endlose LKW-Kolonnen, Staus und damit Vernichtung von Produktivität.
- 20 % der Bevölkerung in Deutschland erwirtschaften 80 % des Steueraufkommens. Diese 20 % zahlen die Party und bekommen immer weniger zurück. Diese 20 % der Bevölkerung werden immer weniger.
- Der Anteil der Unterschicht in Deutschland beträgt mittlerweile 20 % an der Gesamtbevölkerung – mit steigender Tendenz.
- Die Digitalisierung Deutschlands liegt weit hinter der in Bulgarien oder Rumänien. Die digital-mentale Verfassheit Deutschlands entspricht der von Weißrussland, Bosnien-Herzegowina und Moldawien.
- Die Leistungen der Kinder auf deutschen Grundschulen rutschen in den zentralen Bildungsbereichen Lesen, Schreiben, Rechnen auf Dritte-Welt-Niveau ab – eine rasche Wende ist nicht in Sicht.
- Die Zuwanderer in Deutschland verfügen entgegen der Hoffnungen in der Regel über keine Ausbildung, sie beherrschen die Landessprache nicht und viele haben große Schwierigkeiten, sich in die Kultur und das Normengefüge zu integrieren.
- Die europäische Zentralbank druckt Monat für Monat einen Haufen Geld, um damit zum Beispiel Griechenland stabil zu halten. Dafür erhalten die Länder – zum Beispiel Deutschland – griechische Staatsanleihen, die man gleich zum Anschüren verwenden kann; sie sind wertlos. Die nächste Stufe der Schulden-Eskalation ist

> mit den europäischen Wiederaufbaufonds zu erwarten. Die Kosten der Scholz'schen Bazooka im Frühjahr 2020 für die Bestandssicherung der deutschen Wirtschaft werden noch unsere Kindeskinder bezahlen.
> - Die Kernaufgaben eines Landes sind der Schutz der Bürger*innen vor existenziellen Lebensrisiken – Armut, Krankheit, innere Sicherheit (Unversehrtheit) und Schutz vor äußeren Bedrohungen. Der Stand der Dinge: die Altersarmut nimmt zu, die Grenzen sind offen und die Sicherheitslage in der Welt wird immer wackeliger.
> - Europa und Deutschland verlieren immer mehr Menschen, die sich hier geborgen fühlen. Immer mehr Nationen und Regionen streben nach Autonomie. Stichworte: Brexit, Katalonien, Korsika, Südtirol mit den politischen Folgen AfD, Identitäre Bewegungen, Wahre Finnen, Front National. Entlang der Corona-Krise erleben wir eine massive Verunsicherung der Mittelschicht, die zu 100tausenden Seit an Seit mit Rechts-Links-Verschwörungsgläubigen demonstriert.
> - Der Klimawandel und seine Folgen werden starke Auswirkungen auf das menschliche Leben haben. Anstatt in den technischen Fortschritt zu investieren und bessere Lösungen für die Welt zu entwickeln, lässt man ideologischen Strömungen freien Lauf, die den Klimawandel für ihre Zwecke instrumentalisieren. Das Skandieren von Parolen als Teil der schulischen Ausbildung wird als wertvoller Beitrag zur Verbesserung der Situation beklatscht.

Betriebswirtschaftlich betrachtet ist es höchste Zeit zu handeln. Denn jeder Zerfallsprozess kommt zwangsläufig an den Point-Of-No-Return – an den Punkt, ab dem es kein Zurück mehr gibt. Unternehmen sind Organismen und unterliegen natürlichen Prozessen.

Jeder natürliche Prozess verläuft exponentiell – gleich ob Wachstum oder Schrumpfung – das weiß ich aus vielen Betriebsberatungen. Ein Beispiel aus der Praxis: im ersten Jahr fehlt 0,1 % Erfolgsbeitrag, niemand macht sich Sorgen. Im zweiten Jahr fehlt 1 %, man zuckt mit den Schultern. Im dritten Jahr fehlen 10 %, man gründet einen Arbeitskreis. Und im vierten Jahr? Richtig: 100 % = Exitus, Aus Äpfel Amen[1].

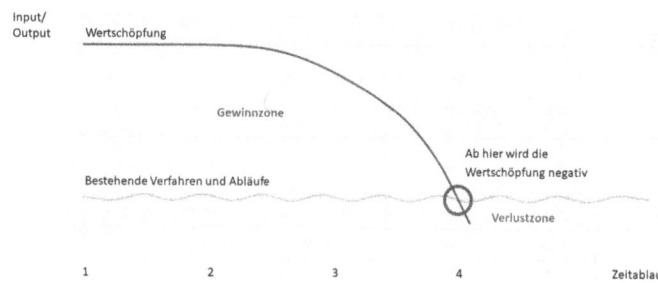

---

[1]Vgl. https://www.bayrisches-woerterbuch.de/bairisch-lernen/bairische-redewendungen-redensarten/ (Zugriff 27.03.2021).

3 Nachhaltigkeit ist eine Haltung

Folgende Lösungen mögen manchem Leser unterkomplex erscheinen, doch in der Natur gilt ein mathematisches Gesetz: die Richtigkeit einer Annahme zeigt sich in ihrer schlichten Schönheit.

- Achten Sie penibel auf Ihren Erfolgsbeitrag. Jeder Mitarbeiter, jede Stunde ist kostbar. Investieren Sie in Innovationen und investieren Sie in Produktivität.
- Sichern Sie das Wissen in Ihrem Unternehmen. Betreiben Sie Wissensmanagement. Hüten Sie Ihre Erfahrungen wie einen wertvollen Schatz. Dokumentieren Sie gute Lösungen.
- Verbreitern Sie systematisch die produktive Basis Ihres Unternehmens. Befähigen Sie Ihre Mitarbeiter*innen dazu, produktiv zu sein. Schaffen Sie Systeme, die Produktivität ermöglichen.
- Treten Sie der Kultur des als nutzlos empfundenen Beitrags zum Erfolg entschieden entgegen. Machen Sie jeden Beitrag für Ihre Mitarbeiter*innen unmittelbar wahrnehmbar. Jeder wahrnehmbare Beitrag führt zu mehr Selbstachtung, Würde, Respekt und Anerkennung.
- Bleiben Sie technisch Up-to-Date und nutzen Sie die Chancen des digitalen Wandels, auf der Produktionsseite ebenso wie auf der Kundenseite – von der digital optimierten Produktion bis zum Online-Shop.
- Kümmern Sie sich um die Ausbildung Ihrer Mitarbeiter*innen. Nur fachlich solide ausgebildete Mitarbeiter*innen sind produktiv und innovativ.
- Wenn Sie neue Mitarbeiter*innen einstellen, dann kümmern Sie sich in der ersten Zeit intensiv um diese. Das beliebte „ins kalte Wasser werfen" hat meist fatale Folgen.
- Integrieren Sie Ihre neuen Mitarbeiter*innen mit Nachdruck in Ihrem Unternehmen (Integration ist übrigens ein Begriff aus der technischen Chemie. Integration bedeutet Anpassung unter Druck).
- Machen Sie keine Schulden. Wachsen Sie organisch. Vergessen Sie die großen Skalen. Jedes gesunde Unternehmen wächst aus eigener Kraft, Schritt für Schritt.
- Behalten Sie die Kontrolle über Ihr Unternehmen. Schaffen Sie ein System, das Ihnen klar widerspiegelt, was wo passiert. Und wenn etwas beginnt, schiefzu-

laufen, dann sehen Sie nach und dann kümmern Sie sich. Sofort.
- Ein Unternehmen lebt durch das Vertrauen seiner Kund*innen. Zerstörtes Vertrauen zurückzubekommen ist nahezu unmöglich. Wesentlich kostengünstiger ist es, dem Kundenvertrauen höchste Priorität einzuräumen.
- Konzentrieren Sie sich auf Ihren eigenen konkreten Beitrag zur Verbesserung der Welt. „Wirke da, wo Gott dich stellt."
- Beziehen Sie alle Mitarbeiter*innen in die Verbesserungen ein und sorgen sie dafür, dass ihr Erfolgsbeitrag im Unternehmen sichtbar und spürbar wird.

3.2 Corporate Greenwashing

In den letzten Jahren hat sich viel verändert. Der Blickwinkel auf Unternehmen ist ein anderer. Unternehmen müssen heute neben ihrer Geschäftstätigkeit immer auch nachhaltig und 100 %ig transparent sein. Unzählige Corporate-Governance-Elaborate definieren außerordentlich präzise, was zu tun und was zu unterlassen sei. Und wenn wieder einmal eine Schweinerei unignorierbar öffentlich ruchbar wird, dann sind das stets bedauerliche Einzelfälle, die man umgehend härtestens bestraft. Die als schuldig ausgemachten Verantwortlichen verjagt man mit laut knallenden Peitschenhieben aus dem Saustall, man verschärft die Corporate-Governance-Regeln, installiert mit tösendem Gruppengequieke einen Executive Corporate Governance Manager und der Vorstand grunzt zufrieden schmauchend in seine Zigarre. Verstehen Sie? Genau dafür dient dieses ganze Bohei und Tamtam. Es dient dem Fortgang der Geschäfte nach altem Muster. Vermutlich bin ich zu einfach gestrickt, denn man könnte all das etwas kürzer haben: Verhalte Dich anständig und sei ein Vorbild.

Die Forderungen nach Transparenz werden häufig sehr, sehr kreativ umgesetzt, zum Beispiel wird die strafbare Korruption – die Bestechung von politischen Entscheidungsträgern – outgesourct und an spezialisierte Agenturen gegen gutes Honorar übergeben. Auch der Nachhaltigkeitsgedanke wird mit der Fremdüberwachung der Textilherstellung in Südostasien nicht wirklich umfassend durchgesetzt. Hier wäre noch viel Potenzial, den Potentaten rund um die Welt den Geldhahn zuzudrehen und den Arbeiter*innen an den Werkbänken des globalisierten Neoliberalismus ihren gerechten Lohn zu geben.

Auch das „Greenwashing" ist mittlerweile ein sehr ausgefeiltes Geschäftsmodell, von dem zu viele profitieren. Ohne massiven politischen und juristischen Druck wird sich nichts ändern, denn offensichtlich ist ja alles rechtens. Abgesehen von seltenen Journalist*innen, die verwegen genug sind, vor Ort zu recherchieren und deren Beiträge nicht selten nicht breit veröffentlicht werden, erreichen uns nur dann entsprechende Nachrichten, wenn wieder einmal eine marode Fabrik in sich zusammengesackt ist und tausende Arbeiter*innen zerquetscht hat. Das sind dann immer bedauerliche Einzelfälle gegen die man jetzt entschieden vorgeht, Sie kennen das Spiel.

3.3 Weich ist hart

Die zentrale Aufgabe von Unternehmen hat sich von Anbeginn nicht verändert. Unternehmen kombinieren Produktionsfaktoren für Produkte und Dienstleistungen und damit generieren sie Wertschöpfung.

Beleuchten wir eine andere Perspektive der neoliberalen Doktrin. Etliche Unternehmen haben vor vielen Jahren begonnen, ihre Mitarbeiter*innen systematisch zu optimieren und setzen sie unter Druck, sich permanent zu verändern. Es gilt der Grundsatz, dass nur ein Arbeiten jenseits der Komfortzone zur optimalen Produktivität führt. Durch die beständige Neuformierung von Teams und die Auflösung vertrauensvoller Kollegenbande in Crews werden die Mitarbeiter*innen in dauerhafte Unruhe und Spannung versetzt.

Frage immer, wem es nützt – cui bono?
Die Ursprünge dieser Entwicklung reichen zurück bis in die 1930er Jahre, als Elton Majo im Rahmen der Hawthorne-Studien begann, Verfahren zur Verbesserung der zwischenmenschlichen Beziehungen im Betrieb zu entwickeln. Die Befragten waren nahezu ausschließlich Frauen, die in Fabriken als Arbeiterinnen beschäftigt waren. Das nach und nach veränderte Ziel war die Stärkung der Verbundenheit mit dem Arbeitgeber (statt mit der Gewerkschaft oder den Kolleginnen). Das sogenannte Human Ressources Management nahm hier seinen Anfang, das den Mitarbeiter als etwas dauerhaft zu Entwickelndes begreift.

In den 1970er Jahren untersuchten federführend Tom Peters und Robert H. Waterman jr. viele Unternehmen, um die entscheidenden Faktoren für dauerhaften Erfolg zu finden. In ihrem berühmten Buch „In The Search

Of Excellence" beschrieben sie diese auf der Grundlage des 7-S-Modells, auch „das Glückliche Atom" genannt. Es besteht aus den harten Faktoren Strategy, Structure, System (das kalte Dreieck) und den weichen Faktoren Skills, Staff, Style, Shared Values (das warme Viereck) [1].

Das große Missverständnis
Der Satz „Weich ist hart" ist zum geflügelten Wort geworden und damit wurde ein gründliches Missverständnis in die Welt gesetzt. Die Annahme geht davon aus, dass die weichen Faktoren Skills, Staff, Style, Shared Values (Fähigkeiten, Mitarbeiter, Kultur, Leitbild) die eigentlich harten = entscheidenden = Erfolg bringenden seien und aus diesem Grund müsse man ständig damit laborieren.

Herausgekommen ist ein übergriffiges, distanzloses und entwürdigendes Management, das die Menschen zu 360-Grad-Feedbacks zwingt, ihnen für alle Seiten peinliche Mitarbeitergespräche aufnötigt, Jahreszielvereinbarungen aus ihnen herauspresst, pausenlos die Anforderungen nach oben schraubt (zum Beispiel der unternehmerisch denkende Mitarbeiter – der, wenn er unternehmerisch begabt wäre, dort gar nicht arbeiten würde), Authentizität einfordert, Ethik und Gesundheit als Pflichtveranstaltungen einführt, die Verweiblichung der Männer und die Vermännlichung der Frauen als richtiges Verhalten anerkennt, eigenbrötlerische Tüftler in Teamcoachings und begnadete Kommunikatoren in starre Abläufe zwängt. Kurz: der Mitarbeiter wird als dauerhaft defizitär verstanden.

Die Auswirkungen sind katastrophal. Der real existierende Arbeitsalltag wird zunehmend infantilisiert, aus Persönlichkeiten werden Performer, die Sinnhaftigkeit des Tuns geht verloren ebenso wie die Würde, denn diese ist jederzeit antastbar. Je nach geistiger und körperlicher Verfasstheit der Mitarbeiter*innen versuchen diese über die Belastungsgrenze hinaus auch in ihrer Freizeit (an sich) zu arbeiten, manche leiden an Depressionen, immer mehr nehmen Drogen (vorzugsweise Psychopharmaka), viele reichen die innere Kündigung ein oder werden zunehmend mit der schwammigen Diagnose Burnout krankgeschrieben.

Die einfache Lösung
Ja, Weich ist hart, soweit stimme ich zu und hier bin ganz bei Peters und Waterman: „Die weichen Faktoren sind mindestens ebenso wichtig für das Unternehmen wie die harten Faktoren. Denn eine gute Struktur, die den menschlichen Faktor unberücksichtigt lässt, gibt es nicht." Und weiter: „Unsere Ergebnisse waren eine angenehme Überraschung. Deutlicher als zu hoffen gewesen wäre, zeigte die Untersuchung, dass die besonders erfolgreichen Unternehmen sich vor allem in einfachen Grundtugenden unternehmerischen Handelns auszeichneten." [1]. Aha! Die wesentliche Erkenntnis scheint sich nicht herumgesprochen zu haben.

Die einfachen Grundtugenden unternehmerischen Handelns sind:

- ein Unternehmen sinnvoll aufbauen und
- dafür eine gute Struktur schaffen,
- die Vermittlung der Mission (der Unternehmenszweck) und
- der Strategie (wie setzen wir unsere Kraft ein),
- reibungsarme Abläufe und
- robuste Systeme organisieren,
- Kapital und Betriebsmittel als Treibstoff einsetzen.

Das sind die harten Faktoren, und wenn diese die ‚weichen' sind, dann sind es genau diese Faktoren, die leicht gestaltbar, veränderbar und optimierbar sind.

Es macht keinen Sinn, an den Menschen herumzufummeln. Nicht die Menschen sind schlecht (zumindest die meisten), sondern schlechte Systeme begünstigen schlechtes Verhalten. Die einfachste Lösung für gutes Verhalten sind gute Systeme. Jedes gute System ist am Kunden ausgerichtet. Es sorgt dafür, dass jeder Mitarbeiter einen unmittelbaren Bezug zum Kunden und damit zur Wirkung seiner Arbeit hat.

Unternehmen sind immer gut beraten, ihre Mitarbeiter*innen im positiven Sinne einfach machen zu lassen. Denn nur darum geht es: gute Produkte und Dienstleistungen für die Kund*innen. Das funktioniert dauerhaft nur, wenn man seine Mitarbeiter*innen anständig bezahlt und ihrem Tun Sinn und Struktur gibt.

Das glückliche Atom|Reloaded
Die Metaebene eines Unternehmens ist nicht oder nur mittelbar beeinflussbar. Sie umfasst die Geschichte und das Selbstverständnis, beide sind aus der Historie gewachsen. Die Werte und die Kultur des Unternehmens vermitteln die Art und Weise des Miteinanders.

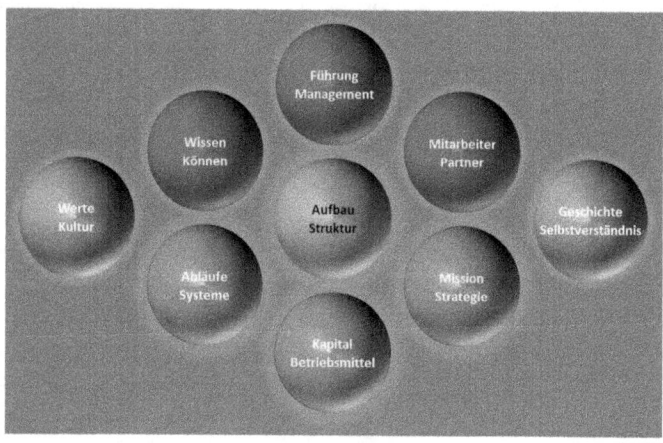

3 Nachhaltigkeit ist eine Haltung

Auch die harten Faktoren eines Unternehmens sind nur mittelbar beeinflussbar. Die Führung und das Management treffen Entscheidungen, sie gestalten und prüfen, die Mitarbeiter und Partner arbeiten in den ihnen anvertrauten Bereichen, das Wissen und Können werden entweder eingekauft oder entstehen im Unternehmen. Die weichen Faktoren eines Unternehmens sind unmittelbar beeinflussbar. Abläufe und Systeme schaffen Verlässlichkeit im Handeln, die Mission und die Strategie geben die Richtung vor, das Kapital und die Betriebsmittel sind der Treibstoff, der Aufbau und die Struktur sind die Schlüssel für wirksames Handeln.

Um im Bild zu bleiben: Der Aufbau und die Struktur eines Unternehmens sind der Atomkern. Der Atomkern ist zwar erheblich kleiner als die Atomhülle (die ihn umkreisenden Elektronen entsprechen allen anderen Faktoren), der Atomkern beherbergt aber mehr als 99,9 % der Masse des gesamten Atoms. Der Atomkern bestimmt durch seine Beschaffenheit die Anzahl der Elektronen, die Struktur der Elektronenhülle und damit die chemischen Eigenschaften des Atoms. Wegen der Äquivalenz von Masse und Energie führt die Bildung des Atomkerns zu einem Massendefekt.

Dieser Atomkern bestehend aus Aufbau und die Struktur eines Unternehmens sind die Schlüssel für wirksames Handeln. Es gibt keinen perfekten Aufbau und keine perfekte Struktur, deshalb gibt es kein perfektes Unternehmen. Wenn wir es geschickt anstellen, arbeitet ein Unternehmen reibungsarm. Und jedes Unternehmen hat chemische Eigenschaften, es verändert die Welt. Ob zum Guten oder zum Schlechten, das ist immer unsere Entscheidung. Es lohnt sich, Kreativität und Energie in den Aufbau und die Struktur eines Unternehmens zu investieren. Alles andere fügt sich dann mit großer Selbstverständlichkeit und Leichtigkeit. Anders formuliert, frei nach Theodor W. Adorno: „Es gibt kein richtiges Verhalten in einem schlecht aufgebauten Unternehmen." Was tun wir dann mit den genetisch defekten Unternehmen, wie gehen wir um mit Unternehmen, deren DNA aufgebaut ist wie ein Raptosaurus, wie treten wir Unternehmen gegenüber, denen Ausbeutung von Mensch und Umwelt in den Genen liegt?

> Mir fällt da immer Gerhard Polt ein mit seinem Satz „Ich hab des Öfteren gesagt [...] wenn man einmal sieht, dass eine Sache genetisch versaut ist, lässt sich das mit Prügel allein nicht korrigieren." (nachzuhören auf dem Doppelalbum der Toten Hosen – 125 Jahre Die Toten Hosen auf dem Kreuzzug ins Glück.) Vermutlich ist das so und deckungsgleich mit Michael Hammers (*1948 †2008) Konzept über das Re-Engineering von Geschäftsprozessen [2].

Auf gut Deutsch: Wenn ein Prozess dysfunktional geworden ist, ergibt eine Reparatur keinen Sinn, dann muss man den Prozess beenden oder zerstören und neu aufbauen.

3.4 Unternehmen nachhaltig gestalten

Der sächsische Oberberghauptmann Hans Carl von Carlowitz formulierte 1713 das forstwirtschaftliche Prinzip, nach dem nicht mehr Holz gefällt werden darf, als jeweils nachwachsen kann [3]. Dieser Gedanke deckt sich mit den Grundlagen jeder guten Hauswirtschaft (Ökonomie = die Bewirtschaftung des Hauses|Oikos = das Haus). Plane vernünftig, handle umsichtig, verschwende nichts, lege ausreichende Vorräte an. Nachhaltiges Handeln ist nicht mehr und nicht weniger als ein Wirtschaftsprinzip. Jede weitere Überformung der Nachhaltigkeit ist Ideologie.

Jeder gute Betrieb ist ein Ort, an dem Wertschöpfung entsteht. Aus der Kombination der Produktionsfaktoren Wissen, Können, Zeit, Material und Energie entstehen Produkte und Dienstleistungen. In meinen Worten: „Aus der sinnlosen Ursuppe des zufällig Verteilten schaffen Sie eine wirkmächtige Institution für Wohlfahrt, Mehrwert und Wertschöpfung. Sie gestalten einen Ort, dessen Lösungen die Menschen als wertvoll betrachten."

Verzeihen Sie das altertümliche Wort Wohlfahrt. Wohlfahrt – aus dem mittel-hochdeutschen wolvarn kommend, ist das Bemühen um die Deckung der Bedürfnisse von Menschen und die Sicherung deren Lebensstandards [4, 5].

Wohlfahrt ist auch die planmäßig ausgeübte Sorge für das Gemeinwohl der Menschen, die Sorge für deren Gesundheit und deren sittliches und wirtschaftliches Wohl, deren Erziehung zu besseren Menschen und die Vorbeugung vor moralischem, körperlichem oder materiellem Verfall.

Aus diesem Grundgedanken speist sich die Betriebswirtschaft; diese ist eine Sozialwissenschaft und bedient sich verschiedener Werkzeuge, um Mehrwert, Wertschöpfung und Wohlfahrt zu gestalten. Allein die Verpflichtung zur Wohlfahrt führt dazu, bestmögliche Produkte und Dienstleistungen anzubieten, die keinen Schaden anrichten und über den Gebrauchswert hinaus auch einen Beitrag für eine bessere Gesellschaft leisten. Das kann man auch nachhaltiges Wirtschaften nennen.

Immer mehr Unternehmen beginnen darüber nachzudenken, ihren Betrieb nachhaltiger zu gestalten. Die Spanne reicht von sehr konkreten Fragen wie dem Essensangebot in der Kantine bis hin zu strategischen Überlegungen.

Versuchen wir eine betriebliche Definition von nachhaltiger Gestaltung eines Betriebes: Ein an den Prinzipien der Nachhaltigkeit orientierter Betrieb schafft Produkte und Dienstleistungen, die die Welt ein wenig besser machen und die der Welt keinen Schaden zufügen. Das ist gar nicht so einfach, wenn man mit endlichen Ressourcen hantiert, zumindest Arbeitszeit, Material und Energie (sofern aus endlichen Quellen) sind endliche Ressourcen. Wählen wir den systemischen Ansatz und gliedern wir den Betrieb in Prozesse.

Der Mehrwert
Die Errichtung, Ausstattung und die Erhaltung des Betriebes vom Bau, Umbau und Ausbau, den Erweiterungen, Modernisierungen und Sanierungen der Betriebsgebäude und dessen betrieblicher Infrastruktur, vom Bürostuhl und den Computern bis zur Ausstattung der Seminarräume, der Werkstätten, der Produktionshallen, der Küche und all dem, was ein Betrieb für seinen Betrieb benötigt.

Die Wertschöpfung
Betriebliche Prozesse umfassen die Führung und das Management – von den Zielen bis zum Einkauf, die Organisation der Arbeit, die Versorgung mit Energie und Material, die Öffentlichkeitsarbeit und die Buchführung, die Ausbildung und Fortbildung der Mitarbeiter*innen, das initiieren von Verbesserungen und Innovationen und all das, was den Wertschöpfungsprozess effizient und effektiv gestalten hilft.

Die Wohlfahrt
Dieser Prozess ist ein offener Prozess, denn auf der einen Seite bekommt der Betrieb Input, zum Beispiel Kundenanforderungen, das Wissen und Können der Mit-

3 Nachhaltigkeit ist eine Haltung

arbeiter*innen, die Anlieferung des Materials. Auf der anderen Seite verlassen die Lösungen des Betriebes, seine Produkte und Dienstleistungen, das Haus.

Die nachhaltige Gestaltung eines Unternehmens – und es ist gleich, von welcher Art Unternehmen wir sprechen – umfasst alle drei Prozessketten: den Mehrwert, die Wertschöpfung und die Wohlfahrt.

Meine Erfahrung ist: Beginnen Sie im Idealfall bei dem Konzept und der Planung der Wohlfahrt. Welche Lösungen bietet Ihr Unternehmen? Wem bieten Sie Ihre Lösungen an? Was ist der konkrete Beitrag Ihrer Produkte und Dienstleistungen, so dass die Welt ein wenig besser wird?

Nehmen wir als Beispiel einen Holzbau-Betrieb: Ein mittelständischer Holzbau-Betrieb bezieht seine Rohstoffe – vorzugsweise Holz – aus der Region. Damit bleiben die Transportwege kurz und die Wertschöpfung bleibt in der Region. Der Betrieb beschäftigt ortsansässige Mitarbeiter, bildet aus und verkauft seine Produkte – Häuser aus Holz – in der Region. Das dem Wald entnommene Holz bindet das CO_2 für lange Zeit, im Wald wachsen neue Bäume nach.

Der Betrieb bezahlt seine Mitarbeiter*innen und Lieferanten anständig und der Betrieb wächst organisch. Einen Großteil der Energie für die Produktion bezieht der Betrieb aus der hauseigenen Photovoltaik und aus den Holzabfällen. Das ist schon ziemlich nachhaltig.

Der nachhaltige Mehrwert? Eine Familie bezieht ihr nach ökologischen Kriterien errichtetes Holzhaus. Wie sie dort ihren Alltag gestaltet, entzieht sich der Einflussnahme des Holzbau-Betriebes. Ob sich die Familie drei Autos anschafft, Tag und Nacht überall Licht brennen und das Wasser laufen lässt, eine (in einem ökologischen Holzhaus unnötige) Klimaanlage von April bis Oktober durchlaufen lässt … oder eben all das nicht tut, sondern viel mit dem Fahrrad fährt und auf dem Wochenmarkt regionale Produkte einkauft, all das ist ihre Entscheidung. Doch egal wie, zumindest ist das Haus aus regionalem Holz nach allen Regeln der Nachhaltigkeits-Kunst errichtet.

Nehmen wir ein weiteres Beispiel, einen Bildungsanbieter: Der Bildungsanbieter bietet in seinem Haus Seminare, Workshops, Klausuren, Veranstaltungen, Open-Stages, World-Cafés und viele weitere Veranstaltungsformen an zu dem Themenkomplex „Nachhaltigkeit im Alltag". Die Teilnehmer*innen kommen aus dem deutschsprachigen Raum, die Referent*innen ebenfalls. Der Bildungsanbieter bietet eine Vollverpflegung und Übernachtungsmöglichkeiten je nach Geschmack und Geldbeutel – Essen aus regionalen und saisonalen Zutaten von Bauernhöfen und Lieferanten aus der Region und übernachtet wird vom Einzelzimmer bis zur Gruppenunterkunft mit Heuhotel.

Der Bildungsanbieter bezahlt seine Mitarbeiter*innen und Referent*innen fair und gestaltet sein Geschäftsmodell so, dass er möglichst wenig Fördermittel für seine Arbeit benötigt. Denn Schulden machen ist nicht nachhaltig. Die Energie kommt aus der Photovoltaik und aus einer Erdwärmepumpe, die Seminargebäude sind mit nachwachsenden Rohstoffen gebaut, alles ist barrierefrei zugänglich, die Anreise und Abreise der Gäste ist leicht mit der Bahn möglich.

Der nachhaltige Mehrwert? Auf der einen Seite kommen die Teilnehmer*innen in das Seminar hinein, dort erfahren sie etwas über Nachhaltigkeit im Alltag und dieses Wissen und Können setzen sie nach dem Seminar im Alltag ihrer Lebenspraxis um. Der Bildungsanbieter kann sich einzig darauf konzentrieren, qualitätvolles Wissen und konkrete Handlungsmöglichkeiten aufzuzeigen. Ob und wie die Teilnehmer*innen das nach dem Seminar anpacken, entzieht sich der Gestaltungsmöglichkeit des Bildungsanbieters.

3 Nachhaltigkeit ist eine Haltung

Wie gelingt die Gründung eines nachhaltig erfolgreichen Unternehmens? Welche Faktoren sind wichtig für gesundes Wachstum? Anbei ein paar Lösungsansätze, wie und wofür es sich lohnt, Kraft zu investieren und worauf es sich lohnt zu achten – für ein dauerhaft gesundes Unternehmen.

Aufbau und Struktur
- Erarbeiten Sie gemeinsam mit Ihren Mitarbeitern*innen in Ihrem Unternehmen ein Leitbild. Beziehen Sie dort ausdrücklich die Aspekte der Nachhaltigkeit ein, die für Ihr Unternehmen von Belang sind. Hierbei ist ein dezidierter Blick in die 17 SDGs – Sustainable Development Goals – sehr sinnvoll. Sie werden sehen: je nach

Bedingungslage Ihres Unternehmens bilden sich hier Schwerpunkte heraus.
- Definieren Sie Ihre Ziele und begründen Sie diese:
  - Was bieten wir an?
  - Wem bieten wir an?
  - Wie bieten wir an?
  - Warum sind unsere Lösungen besser?
  - Wo ist der Mehrwert – für unsere Kund*innen UND für unser Unternehmen?
- Schreiben Sie ein sauberes, klares, konkretes Konzept:
  - Wie soll das nachhaltige Wirtschaften in unserem Unternehmen genau funktionieren?
  - Was spielt mit was zusammen?
  - Welche Kapazitäten brauchen wir?
  - Wie halten wir uns flexibel und gleichermaßen verbindlich?
  - Wie begünstigen wir Dauerhaftigkeit?
  - Blicken Sie objektiv auf Zahlen! Absatz, Umsatz, Auslastung, Break-Even (Gewinnschwelle), Kosten, Investitionen.
- Planen Sie robust und umsichtig
  - Was muss bis wann fertig sein?
  - Haben wir Puffer?
  - Wie lautet der Plan B (und der Plan C)?
  - Wie lange dauert es, bis ein Prozess wirklich funktioniert?
- Holen Sie sich Partner an Bord
  - Wer tickt wie wir?
  - Wer ist der Nachhaltigkeit verpflichtet?
  - Mit wem wollen wir wachsen?
  - Wer kann verlässlich liefern?
- Fangen Sie an: das beste Konzept und der beste Plan beweisen sich erst in der Praxis. Ja, Sie werden Fehler machen. Ja, Sie werden dazulernen. Ja, nicht alles war zu Ende gedacht. Ja, Sie werden Überraschungen erleben. Ja, bleiben Sie dran. Und Ja, Sie werden Freude an dem haben, was Sie und wie Sie es tun.
- Holen Sie sich bei allen Arbeitsschritten professionelle Hilfe an Bord, so arbeiten Sie verlässlich „state-of-the-art".

Führen und Managen

- Stellen Sie die große und starke Idee ins Zentrum jedes Zieles, jeder Strategie und jeder Maßnahme.
- Leben Sie die große und starke Idee vor. Im konkreten Handeln, in Ritualen, in Symbolen. Machen Sie die große und starke Idee sinnlich erfahrbar – täglich!
- Haben Sie Mut zur Führung. Mut zur Klarheit, Mut zur Wertschätzung und Mut zum Respekt vor Talent und Spitzenleistung Ihrer Mitarbeiter*innen.
- Sorgen sie dafür, dass Ihr Unternehmen wächst. Was nicht wächst, stirbt. Wachsen Sie beständig – in erster Linie qualitativ.
- Bleiben Sie wachsam für Entwicklungen: unternehmensintern, für Strömungen am Markt und für Trends Ihrer Branche.
- Beobachten Sie die Besten und lernen Sie von den Besten.
- Führen Sie sich straff und pflegen Sie Ihre „produktive Paranoia"[2] [6].
- Halten Sie das Feuer der Begeisterung am Brennen und fordern und fördern Sie persönliches und fachliches Wachstum.
- Lassen Sie alle Mitarbeiter*innen am Erfolg teilhaben. Jede Mitarbeiterin und jeder Mitarbeiter sind unersetzbar.
- Hüten Sie sich vor neurotischem Verhalten: dem Wiederholen von ehemals erfolgreichen Maßnahmen, ohne deren Sinn für die Gegenwart zu überprüfen.

---

[2]Siehe Collins, Great by Choice [6], Auszüge unter https://www.jimcollins.com/concepts/productive-paranoia.html (Zugriff 27.03.2021).

- Fordern Sie die Umsetzung jeder getroffenen Vereinbarung ein. Kompromisslos – sich selbst gegenüber und Ihren Mitarbeiter*innen gegenüber. Das Einzige, was zählt, sind Fortschritte.
- Unterscheiden Sie die Mitarbeiter*innen, die engagiert für die große und starke Idee kämpfen von denen, die ihre eigenen Absichten verfolgen.
- Haben Sie den Mut, Mitarbeiter*innen einzustellen, die zumindest in Teilbereichen besser sind als Sie. So schaffen Sie auf Dauer ein Unternehmen von Riesen. Wer Menschen in ihrer Entwicklung behindert, sie kleinhält, um selbst besser dazustehen und blind ist gegenüber den Fähigkeiten anderer, schafft eine Organisation von Zwergen.
- Hüten Sie Ihre für die Sache engagierten Mitarbeiter*innen in Schlüsselpositionen wie Ihre Augäpfel – sie leisten 80 % der Arbeit. Binden Sie diese Mitarbeiter*innen inhaltlich ein und freuen Sie sich über unbequeme Analysen.
- Ermuntern und befähigen Sie der Sache treue Mitarbeiter*innen, die in der Lage sind, andere zu fördern, zu führen und zu verbessern. So machen Sie sich das Leben leichter.
- Jeder Mitarbeiter ist verdächtig, der Ihnen nach dem Mund redet (auch, wenn Sie sich mit denen wohler fühlen und keine Zeit für Bedenkenträger haben). Jede Mitarbeiterin ist verdächtig, die im Namen einer Gruppe oder „Vieler" spricht.
- Hüten Sie sich vor Ihren eigenen Befindlichkeiten und den Befindlichkeiten Ihrer Mitarbeiter*innen. Befindlichkeiten sind das Sprachrohr des inneren Schweinehundes.
- Jeder Mitarbeiter der mitredet, muss konkret mitgestalten. Übertragen Sie Verantwortung, delegieren Sie, vertrauen Sie und kontrollieren Sie die Ergebnisse.

3 Nachhaltigkeit ist eine Haltung

- Hüten Sie sich vor Beratern, die Ihnen nach dem Mund reden und Ihnen vermitteln, alles sei ganz leicht. Entlarven Sie selbsternannte Besser-Wisser. Ermutigen Sie Besser-Könner.
- Bleiben Sie der großen und starken Idee treu: überprüfen Sie sich aufrichtig und lassen Sie sich überprüfen, ob Sie eigene (verdeckte) Motive entwickeln und beginnen, Ihre Mitarbeiter*innen als Statisten zu missbrauchen.
- Hüten Sie sich vor Überheblichkeit: Macht ist eine starke Droge und verführt manchen zur Hybris. Bleiben Sie menschlich zugewandt, demütig in der Sache und stark in der Überzeugung.
- Hüten Sie sich vor Instantlösungen und vor dem big trick. Es gibt keine Tricks und es gibt keine Instantlösungen. Jeder Mensch ist einzigartig. Jedes Unternehmen ist einzigartig. Jede Lösung muss passgenau zubereitet werden.
- Hüten Sie sich vor dem Rettungsanker Kooperationen. Das ist das Ende der eigenen Profilierung und zieht das Unternehmen in die Tiefe. Nur mit (Feder-)Führung kann man Kooperationen gestalten.
- Hüten Sie sich vor Weltbildern, die von der Realität abgekoppelt sind. Das wichtigste Indiz für entkoppelte Weltbilder: sie definieren sich durch Abschottung und Ausgrenzung.
- Halten Sie die Finanzen sauber. Finanzielles Missmanagement beginnt immer mit nachlässiger Kontrolle. Finanzielles Missmanagement ist die Abkürzung auf dem Weg zur Hölle.
- Pflegen Sie Ihren hyperaktiven Vertrieb: Beziehungen sind alles. Die Einbindung vor Ort ist Gold wert. Nur Menschen öffnen Türen.

Literatur

1. Peters, T., Waterman, R.H., Jr.: Auf der Suche nach Spitzenleistungen. Verlag moderne industrie (1982)
2. Hammer, M.: Business Reengineering - Die Radikalkur für das Unternehmen. Campus, Frankfurt a. M. (2003)
3. von Carlowitz, J.H.C.: Sylvicultura oeconomica oder haußwirthliche Nachricht und Naturmäßige Anweisung zur Wilden Baum-Zucht, S. 105-106. Johann Friedrich Braun, Leipzig (1713)
4. Kluge, F.: Etymologisches Wörterbuch der deutschen Sprache. Stichwort „Wohlfahrt". DeGruyter, Berlin (2011)
5. Woll, A.: Wirtschaftslexikon. Oldenbourg, München (2000)
6. Collins, J., Hansen, M.: Great by choice. Harper Business, New York (2011)

4

Nachhaltiges Wachstum

Als wichtigste Kennziffer in der Ökonomie, auf staatlicher Ebene wie auf betrieblicher Ebene, wird immer das Wachstum gehandelt: Wie viel mehr im Vergleich zum Vorjahr haben wir erwirtschaftet? Gemessen wird der Umsatz, der Gewinn, die Menge der hergestellten Produkte, manchmal auch die Erwerbstätigenquote. Die Ergebnisse in Prozent sagen uns etwas über das relative Mehr zum Vorjahr – in Form der Handelsbilanz, des Ertrages, des Outputs. Ist es mehr geworden, dann freuen sich alle, allen vorneweg die Bundesregierung, die Vorstände und die Aktionär*innen. Die Arbeitnehmer*innen freuen sich dann, wenn auch ihr Kuchen etwas größer geworden ist.

Dummerweise resultiert der deutsche Exportüberschuss nicht unwesentlich von der jahrzehntelangen Lohnzurückhaltung der deutschen Arbeitnehmer*innen. Natürlich ist die Ware aus Deutschland qualitätvoll, doch gekoppelt an den Euro – die europäische Mischwährung – profitiert Deutschland über die Maßen von diesem, denn die Produktivität der Arbeit in Deutschland ist wesentlich höher als in vielen anderen europäischen Ländern. Arbeitnehmer*innen in Deutschland produzieren einfach mehr pro Stunde als ihre europäischen Kollegen.[1] Müssten deutsche Produkte in Deutscher Mark bezahlt werden, so wären diese erheblich teurer, einfach, weil die Mark deutlich teurer wäre als der Euro. Deutschland profitiert also dreifach – von der Lohnzurückhaltung, der hohen Produktivität und einem relativ zur Mark schwachen Euro – zu Lasten der europäischen Partnerländer. Nicht wenige europäische Länder nennen das den dritten Weltkrieg, den Deutschland in Europa führt, denn die deutsche Wirtschaftspolitik verwüstet insbesondere die Wirtschaft der Südländer – Griechenland, Italien, Spanien, Portugal und auch Frankreich. Diese Wirtschaftspolitik ist nicht nach-

---

[1] Die Produktivität liegt in Deutschland 27 % über dem EU-Schnitt. Quelle: eurostat https://ec.europa.eu/eurostat (Zugriff 11.03.2021).

4 Nachhaltiges Wachstum

haltig. Diese Wirtschaftspolitik ist ein Nullsummenspiel, denn was Deutschland gewinnt, verlieren die anderen. Diese Wirtschaftspolitik fußt auf Ausbeutung.

Wachstum ist nicht per se schlecht. Wachstum ist ein Lebensprinzip in der Natur. Ein Baum, der nicht wächst und austreibt, der stirbt. Ein Mensch, der nicht mehr wächst, stirbt – so ab dem 25sten Lebensjahr sterben in unseren Körpern mehr Zellen als nachwachsen, auch die Reparatur der Zellen verlangsamt sich. Jeder, der im höheren Alter eine Verletzung erleidet, weiß, dass es dann eben etwas länger dauert, bis alles wieder heil ist. Was nicht wächst, stirbt, es wird mürbe, morsch, faul und vergeht.

Wachstum in der Natur beruht im Wesentlichen auf der Zellteilung. Aus einer Zelle werden zwei, werden vier und jede Zelle übernimmt bestimmte Aufgaben. Die Natur ist arbeitsteilig organisiert. Bildlich gesprochen sagt die eine Zelle: „Ich werde ein kleiner Zeh", die andere wird die Leber, die dritte ein Auge und so weiter und am Ende kommt ein Mensch auf die Welt mit all den sagenhaften Features. Dieses Bild können wir übertragen auf Unternehmen. Auch ein gutes Unternehmen ist ab einer bestimmten Größe arbeitsteilig organisiert. Da gibt es den Einkauf, die Produktion, die Buchhaltung, den Vertrieb und so weiter. Die Erfahrung zeigt, dass ein Betrieb ab 12 Mitarbeiter*innen in die erste Phase der Organisationsentwicklung einsteigen muss, um produktiv zu bleiben.

> Arbeitsteilung und Produktivität sind auch nicht per se schlecht. Es macht keinen Sinn, wenn alle Mitarbeiter wie die Fußballer in der E-Jugend dem Ball hinterherjagen. Sie können das Bild auch auf ein Orchester oder eine Band übertragen. Es klingt immer dann gut, wenn jeder an seinem Platz seinen Beitrag leistet. Und die Oboe hat andere Aufgaben als die Pauke, die Gitarre hat andere Auf-

gaben als das Schlagzeug. Arbeitsteilung und Produktivität sind Prinzipien der Natur, die wir Menschen auf die Gestaltung unserer Welt übertragen haben.

Das Dilemma unseres ökonomischen Verständnisses von Wachstum ist die alleinige Konzentration auf Quantität. Es entscheidet immer die Menge. Wie viel Umsatz haben wir gemacht? Wie viel Dividende können wir ausschütten? Wie viele Autos haben wir produziert? Die Konzentration auf den Output ist nicht nachhaltig. Die Größe und damit der Börsenkurs von Automobilherstellern bemisst sich an der Zahl der produzierten und abgesetzten Autos. Mal ganz abgesehen davon, dass die Automobilhersteller ihre Absatzzahlen mit allen Tricks pimpen – von Tageszulassungen bis hin zu Leasingmodellen mit einem Neuwagen alle drei Jahre – ist die Größe das entscheidende Kriterium für Erfolg.

Nachhaltiges Wirtschaften muss die Qualität als zentrale Kennziffer für Erfolg definieren. Stellen Sie sich vor, der Erfolg eines Automobilherstellers würde sich bemessen an der Langlebigkeit seiner Autos, der Kilometerleistung seiner Modelle oder an der Reparaturfreundlichkeit der Autos – wie viel kann man zu geringen Kosten selber reparieren? Stellen Sie sich vor, der Erfolg würde sich bemessen an der Quote der Wiederverwertbarkeit der Einzelteile des Autos oder an der Quote des Recyclings – eines echten Recyclings, nicht das Einschmelzen der Plastikteile für Parkbänke und Mülleimer. Stellen Sie sich vor, der Erfolg würde sich bemessen an der fairen Bezahlung der Arbeitskräfte und der Zulieferer. Stellen Sie sich vor, der Erfolg würde sich bemessen am möglichst geringen Einsatz von Ressourcen, am möglichst geringen Treibstoffverbrauch, möglichst geringen Umweltschäden und möglichst geringen Entsorgungskosten.

4 Nachhaltiges Wachstum

Die Prinzipien Wachstum, Produktivität und Arbeitsteilung sind sehr gute Prinzipien für Unternehmen. Entscheidend ist die Vereinbarung, welche Kennziffern man für die Bewertung von Erfolg heranzieht. Sie ahnen es: Mit der herkömmlichen Definition von Erfolg kommen wir nicht weit. Denn Autos, die länger halten, leichter und günstiger zu reparieren sind und deren Preis sich an den Vollkosten der Herstellung inklusive der hineingerechneten Umweltkosten bemisst, wären vermutlich teurer und es würden deutlich weniger Neuwägen gekauft. In der neoliberalen Wirtschaftsordnung würde man das als Katastrophe werten und uns Bürger*innen all das als Wohlstandsverlust verkaufen (Arbeitsplätze, Exportnation Deutschland, Wirtschaftsstandort).

In einer nachhaltigen Wirtschaftsordnung würde man das als Erfolg werten. Weniger Produkte, die länger halten, die günstiger zu reparieren sind, deren Preis insbesondere eine faire Bezahlung aller Arbeitskräfte einschließt und natürlich die Kosten für den Umweltverbrauch. Ja, diese nachhaltige Wirtschaftsordnung würde zu Wohlstandsverlusten führen, allen voran der Manager*innen, die ohne persönliches Risiko Herrscher von Millionen Schicksalen sind und die sich in erster Linie um das finanzielle Wohlbefinden ihrer Aktionär*innen kümmern. Auch die Aktionäre würden Wohlstandsverluste beklagen, denn deren vorrangiges Interesse am dauerhaften Sprudeln der Dividendenquelle – koste es, was es wolle – würde nachrangig behandelt.

Kritiker werden jetzt einwenden, das alles befördere uns auf direktem Weg zurück in feuchte Erdhöhlen und wir müssten fürderhin an schrumpeligen Möhren aus eigenem Anbau mümmeln, doch genau so wäre es nicht.

Der Erfindungsreichtum der Menschen ist unendlich. Wenn wir die Rahmenbedingungen neu setzen – wenn wir eine gesellschaftliche Vereinbarung für eine nachhaltige Wirtschaft treffen und diese mit Werten und Kennziffern füllen – dann werden wir eine Fülle an Innovationen, Entdeckungen und Erfindungen für Qualität erleben. Nachhaltiges Wachstum ist Wachstum von Qualität. „It's the system, stupid!" möchte man rufen.

Ein System, das Masse belohnt, wird Masse erhalten, ein System, das Imperialismus belohnt, wird Imperialismus befördern, ein System, das Kapitalanhäufungen belohnt, wird Kapital anhäufen. In diesem Zusammenhang müsste man über die Konstruktion von Kapitalgesellschaften nachdenken. Aktiengesellschaften verbriefen das Stimmrecht je Aktie. Je mehr Aktien ich habe, desto mehr Stimmen habe ich, desto mehr kann ich mitentscheiden. Wofür wird sich jemand entscheiden, der viele Aktien hat? Wofür wird sich jemand entscheiden, der vom Kapitalertrag lebt, zum Beispiel von der Dividende? Für die Mitbestimmung oder für das Kapital? Für die Rechte der Kleinanleger oder für seine eigenen Interessen?

Ein System, das Qualität belohnt, wird Qualität ernten. Ein System, das Nachhaltigkeit belohnt, wird nachhaltiges Handeln befördern, ein System, das Beteiligung in verantwortlicher Mitbestimmung fordert, wird Beteiligung in verantwortlicher Mitbestimmung erhalten. Sie denken, ich träume. Denken Sie an die großartige Idee der Genossenschaft. Einer für alle und alle für einen. Ein Mensch, eine Stimme. In einer Genossenschaft ist es gleich, ob ich einen Anteil halte oder 1.000 Anteile. Jedes Mitglied einer Genossenschaft hat unabhängig von der Höhe seines Anteils eine Stimme. Endlose Beispiele aus Deutschland, Afrika, Südostasien und Südamerika belegen: immer dann, wenn ein ökonomisches System als Genossenschaft organisiert ist, dann steigt der Wohlstand aller. Und dieser Wohlstand ist wesentlich gleichmäßiger auf alle verteilt. Genossenschaften sind ein sehr gutes System, nachhaltigen Wohlstand und Wohlfahrt zu schaffen.

4.1 Nachhaltigkeit befördert Gerechtigkeit

Was passiert eigentlich, wenn die Akkumulation des Kapitals zunimmt? Auf wenige Menschen und Unternehmen konzentriertes Kapital zerstört das Gemeinwesen, es höhlt Demokratien aus, es vertieft die sozialen Gräben. In den letzten Jahrzehnten haben sich die Unterschiede zwischen Nord und Süd, westlicher und östlicher Welt, Industrieländern und aufstrebenden Ländern abgeschwächt. Doch Vorsicht, die vielgepriesenen ökonomischen Abschwächungen der Unterschiede zwischen den Ländern sind Summenwerte, sie sagen nichts darüber aus, wie es dem Einzelnen geht.

> In Griechenland fehlen zigtausende Ärzte, und zwar schmerzlich. Die Menschen in Griechenland sind auf ein bereits in Normalzeiten wackliges Gesundheits-System angewiesen und jetzt kommt Corona, hmmm … Ach ja:

die griechischen Ärzte werden zwar in Griechenland ausgebildet, doch sie wandern aus und stellen ihre Kunst dem Meistbietenden zur Verfügung, Europas Freizügigkeit sei Dank.

Ja, die Ungleichheiten zwischen den Volkswirtschaften sind geringer geworden, und ja, die Ungleichheiten innerhalb der Volkswirtschaften sind gewachsen. Es ist wichtiger geworden, zu welcher Schicht man gehört, und nicht mehr so sehr, in welchem Land man lebt. Die Klassenzugehörigkeit ist relevanter als die Staatsangehörigkeit. Das gilt auch für Deutschland. Wenn in einem Land auf der Südhalbkugel der ökonomische Wohlstand steigt – oder eben auch in Deutschland – und sich dieser Wohlstand auf wenige Menschen konzentriert, dann entsteht eine als ungerecht empfundene Ungleichheit.

Der Gini-Koeffizient ist ein weit verbreitetes Maß zur Quantifizierung der relativen Konzentration einer Einkommensverteilung. Im Falle der maximalen Gleichverteilung der Einkommen (d. h., jede Person bezieht exakt das Durchschnittseinkommen der betrachteten Grundgesamtheit) nimmt der Gini-Koeffizient den Wert Null an, während er im anderen Extremfall einer maximal ungleichen Einkommensverteilung (d. h., eine einzige Person bezieht das komplette Einkommen der betrachteten Grundgesamtheit für sich allein) den Wert Eins annimmt. Der Gini-Koeffizient lässt sich mithilfe der Lorenzkurve veranschaulichen und bestimmen.

Die Mittelklassen in den Industrieländern – Europa und Nordamerika – sind in den letzten Jahrzehnten kaum vorangekommen. Viele Menschen haben den Glauben verloren, dass die Flut eines Tages alle Boote heben wird. Viele sehen sich durch die Entwicklungen der letzten 30 Jahre in ihrem Urteil bestätigt.

Geringqualifizierte haben seit 30 Jahren praktisch keine Reallohnzuwächse verbuchen können, Hochqualifizierte haben ihre Einkommen mindestens verdoppelt. Die ökonomische Schere ist eine Hauptursache für die Polarisierung der Gesellschaft. Wenn Armut zum Dauerzustand wird, steigen die Frustration und die Unruhe. Zahlen für Deutschland aus dem Jahr 2018: 60 % der Haushalte haben kein Vermögen, man lebt von der Hand in den Mund. 90 % des Vermögens konzentriert sich auf den „alten" Westen.

Ungleichheit ist ja per se nichts Schlechtes und auf der Suche nach der perfekten Gerechtigkeit hat sich nicht nur die SPD zerlegt, wer bitte kann Chancengerechtigkeit, Geschlechtergerechtigkeit oder soziale Gerechtigkeit wirklich schlüssig erklären? Mir fällt bei diesen hilflosen politischen Konstrukten immer das Sprichwort ein. „Der Weg zur Hölle ist mit guten Vorsätzen gepflastert.[2]"

Menschen können sehr gut zwischen Gleichheit und Gerechtigkeit unterscheiden. Männer können keine Kinder gebären, das ist nicht gleich, ob es gerecht ist? … hmmm … es ist halt so. Männer haben genetisch bedingt meist mehr Körperkraft als Frauen, deshalb treten in den meisten Sportarten Männer gegen Männer und Frauen gegen Frauen an. Das ist nicht gleich, aber es in weiten Teilen gerecht, zumindest ist es fair.

Zwei Menschen arbeiten das Gleiche, dafür erhalten sie unterschiedlichen Lohn. Das ist ungerecht. Der eine arbeitet gerne viermal die Woche halbtags in einem Blumenladen, weil er die andere Zeit lieber Gitarre spielt. Die andere arbeitet sechs Tage die Woche täglich acht bis

---

[2]Der genaue Ursprung dieses Sprichwortes ist unbekannt. Deutsche Erstveröffentlichung in Hand-Buch der Sprüche, 1855, Henry G. Bohn, britischer Verleger und Sohn eines deutschen Buchbinders.

zehn Stunden in dem Blumenladen, sie ist die Inhaberin. Die Inhaberin bekommt fünfmal mehr Gehalt als der Halbtagsarbeiter, das ist nicht gleich, doch es ist gerecht. Wenn die Inhaberin eine weltweite Kette von Blumenläden aufbaut, ihre Blumen billigst möglich zu unterirdischen ökologischen Standards herstellen lässt, nur Mindestlöhne bezahlt und selber das 200fache des Durchschnittsgehalts ihrer Mitarbeiter*innen einstreicht, dann ist das weder gleich noch gerecht. Und das spüren die Menschen. Vergleichen Sie spaßeshalber die Gehälter von DAX-Vorständen mit dem Durchschnittslohn der Mitarbeiter*innen und Sie wissen, was ich meine.

Der eine Mensch verfügt eher über praktisches Talent, er wird Handwerker, die andere verfügt über wissenschaftliches Talent und sie findet den Impfstoff gegen das Corona-Virus. Beide Menschen haben Freude an ihrer Arbeit. Beide Menschen wurden auf Kosten der Gemeinschaft ausgebildet, der eine in der Berufsschule und im Betrieb, die andere auf der Universität und in Forschungsinstituten. Die Virologin verkauft ihren Impfstoff an einen Pharmakonzern und wird unermesslich reich, der Pharmakonzern wird durch den Verkauf noch viel unermesslich reicher. Beide Menschen verfügen über unterschiedliche Talente, das ist ungleich, die Frage nach der Gerechtigkeit stellt sich nicht. Den Impfstoff zum Höchstgebot zu verkaufen, das ist ungerecht. Denn beide Menschen haben gegenüber der Gesellschaft eine Verantwortung. Der eine installiert wunderbare Bäder und Küchen, die andere schützt die Gesundheit vieler Menschen.

Leider belohnt das System des Neoliberalismus die Ungerechtigkeit, sie ist zwar eine Sauerei – und das empfinden die Menschen auch so – doch sie ist legal. Im Neoliberalismus ist die Ungerechtigkeit Teil des Systems. Ungerechtigkeit spaltet Gemeinschaften in immer kleinere Gruppen auf, die sich dann gegenseitig beschimpfen und bekämpfen. So kann der Neoliberalismus trefflich weiter regieren mit dem Prinzip „Divide et Impera – Teile und Herrsche."

Die Menschen haben ein gesundes Empfinden für Gerechtigkeit und für Ungerechtigkeit. Wer fleißiger ist, wer länger lernt, wer härter arbeitet, wer mehr riskiert, darf sich mehr nehmen vom Kuchen. Auch für Gleichheit und für Ungleichheit haben Menschen ein gutes Gespür. Biologische Ungleichheiten sind Tatsachen und werden angenommen – eine Rose ist kein Kaktus, die Größe von Füßen variiert, Talente sind unterschiedlich verteilt. Doch menschengemachte Ungleichheiten resultieren aus menschengemachten Ungerechtigkeiten.

Während ich diese Zeilen schreibe, wurde in Deutschland in der scheinbar abebbenden ersten Corona-Welle die Wiederaufnahme des Spielbetriebs der ersten und zweiten Fußball-Bundesliga beschlossen. Das hat fatale Folgen für das Gerechtigkeitsempfinden vieler Bürger*innen. Ihre Kinder und sie selbst dürfen nicht im Verein Sport treiben, die Fußball-Profis schon. Diese ungleiche Behandlung aufgrund wirtschaftlicher Interessen wird als ungerecht empfunden. Die politische Entscheidung wirkt wie ein Brandbeschleuniger für die öffentliche Empörung, die sich auf den Marktplätzen vieler bürgerlicher Städte wie Stuttgart, Nürnberg und München entlädt.

Nachhaltiges Wirtschaften kann ökonomische Ungleichheiten angleichen und innerhalb dieser Angleichung ökonomische Gerechtigkeit befördern. Es ist in Ordnung, wenn Menschen, die mehr leisten und mehr wagen, mehr bekommen, sofern sie sich in den Dienst der Gemeinschaft stellen, zum Beispiel mit gleichem fairen Lohn für gleiche Arbeit, am besten weltweit. Die Gleichheit der Menschen kann nur auf der Ebene des Rechts hergestellt werden, diesen Gedanken finden wir unter anderem in der amerikanischen Verfassung, der Charta der Vereinten

Nationen oder im deutschen Grundgesetz. Gleichheit und Gerechtigkeit sind in der Menschenwelt Idealzustände, die niemals vollständig erreicht werden können. Nichtsdestoweniger muss man beständig an deren Annäherung arbeiten.

4.2 Nachhaltige Produktion

Das Prinzip der Nachhaltigkeit in der Produktion umfasst viele Aspekte, die gelingend ineinander greifen müssen. Das Wichtigste am Anfang: Jedes Unternehmen will wachsen und jedes Unternehmen steht im Wettbewerb. Entscheidend ist, wie wir Wachstum definieren. Müssen es immer mehr Produkte und Dienstleistungen sein oder können wir immer besser werden? Mehr Qualität, bessere Dienstleistungen, weniger Verschwendung?

Was verstehen wir unter Wettbewerb? Ist der Wettbewerb das simple „Was die anderen auch anbieten" – das führt zwangsläufig in den Teufelskreis des immer Mehr und immer Billiger. Oder ist es das intellektuell etwas Kniffligere und deutlich Ertragreichere und Freude bringendere „Was keiner kann außer uns und wofür ausgesuchte Menschen anständig Geld in die Hand nehmen"?

Klar können Sie Weltmarktführer in der Produktion von Turnschuhen werden. Sie beuten irgendwo in einem Billiglohnland tausende Arbeiter*innen und die Natur aus und werfen eine riesige Marketingmaschine an, damit sich jeder Depp an Ihrem Schund wundshoppen kann.

Oder Sie entscheiden sich für eine qualitätvolle Produktion ausgesuchter Turnschuhe mit einem klasse Design und finden ausgewählte Zielgruppen, die dafür einen anständigen Preis bezahlen. Ihre Kund*innen spüren und lieben den Mehrwert. Natürlich werden Sie so niemals Weltmarktführer und beschäftigen vielleicht nur ein paar 100 Menschen. Doch jede/r Ihrer Mitarbeiter*innen kann gut davon leben und die eigene Familie ernähren. Und Ihre Produktionsverfahren sind selbstverständlich umweltschonend und CO_2-frei.

Mit Billigimporten aus China bestätigen wir dortige gesundheits- und umweltschädliche Produktionsmethoden und werden für die entsprechenden Sauereien in China mitverantwortlich. Stellen Sie sich vor, wir würden die medizinischen Folgekosten und die Kosten der Wiederinstandsetzung der Umwelt in China in die Produkte einpreisen. Schwupps wären die Produkte sauteuer und damit weg vom Markt.

Die nachhaltige Produktion in Stichpunkten
- Sie bauen eine möglichst regionale Lieferantenkette auf. Regionale Lieferant*innen sind durch nichts zu ersetzen und Sie befördern die Wertschöpfung in Ihrer Region.

- Sie finden und pflegen langfristige Partnerschaften. Damit bauen Sie Vertrauen auf und schaffen über Ihren Betrieb hinaus eine Wertebasis gegründet auf dem Prinzip der Nachhaltigkeit.
- Sie entwickeln Produkte mit hoher Reparaturfreundlichkeit. Ihre Produkte sind robust, langlebig und schön. Meine Haltung dazu: Schönheit ist ein zentrales Prinzip der Nachhaltigkeit.
- Sie schaffen qualifizierte Arbeitsplätze und legen größten Wert darauf, dass sich jede/r Mitarbeiter*in weiterentwickelt und ihr/sein Wissen mit anderen teilt.
- Sie bilden aus und geben den jungen Menschen in Ihrer Region die Möglichkeit, bei Ihnen eine fundierte betriebliche Ausbildung zu erhalten – als Lehrling, Praktikant*in, Werkstudent*in oder im Training-on-the-Job.
- Sie schaffen eine tiefe Wertschöpfungskette. Sie stellen soweit möglich alles selber her, damit haben Sie die Kontrolle über die Prozesse und die Qualität. Beschränken Sie sich auf wenige ausgewählte Zulieferer.
- Sie setzen auf konsequente Qualitätsführerschaft. Überlegene Qualität ist das einzige Kriterium, das Ihren Betrieb dauerhaft gedeihen lässt.
- Sie legen Wert auf die Zufriedenheit der Mitarbeiter*innen, eine lernende Organisation und die Entwicklung der Mitarbeiter*innen. Unglückliche Menschen schaffen keine guten Produkte und Dienstleistungen.
- Nicht jede Neuerung ist ein Fortschritt. Nachhaltige Innovationen zeichnen sich aus durch neue Lösungen, die signifikant besser sind und weniger Folgekosten nach sich ziehen.

4.3 Nachhaltige Innovationen

Die meisten Innovationen beinhalten die Externalisierung von Umweltkosten zu Lasten Dritter. Sie sind stupide und letztlich betrügen sie die Menschen (Fastfood zerstört die Gesundheit, Billigketten schaffen Kreisläufe der Entwürdigung, Wegwerfprodukte sind schlicht ein Umwelt-

4 Nachhaltiges Wachstum 71

verbrechen, sinnfreie Verpackungen reizen zwar das Reptilienhirn – und taugen sonst nix).

Die eHighway-Trassen für LKW in Deutschland dienen der Perfektionierung bestehender Logistik-Systeme (Just-in-Time-Lieferketten, Lagerkosten auf die Autobahn ausgelagert zu Lasten der Allgemeinheit). Der Schwerlastverkehr bleibt auf der Autobahn, allerdings fährt er dort mit Strom aus der Oberleitung. Der ökologische Nutzen ist fraglich. Nicht fraglich ist: Die eHighways sind keine nachhaltigen Innovationen, denn sie beinhalten keine Veränderung des Systems hin zu mehr Nachhaltigkeit.

Letztlich ging die DDR an ihrer technischen Rückständigkeit zu Grunde. Kurz nach der Wende (ein schöner Euphemismus für Kapitulation) arbeitete ich als Dozent in einem ehemaligen Werk des VEB Robotron im Thüringer Wald und bewunderte dort die mit Gusseisen ummantelten Rechner. Es gelang einfach nicht, einen stabil arbeitenden Mikroprozessor zu entwickeln, er verursachte zu viele Fehler. Es gelang nicht einmal, die für die Produktion notwendigen Reinräume einzurichten, deshalb baute man im Thüringer Wald, einer Region mit sauberer, staubarmer Luft. Auch der Milliardenkredit aus Bayern half nicht, die technische Rückständigkeit der DDR war so groß, dass schließlich das ganze System zusammenbrach. Natürlich hatte der Zusammenbruch auch andere Gründe, zum Beispiel die Perestroika und dass Russland sein Erdöl zu Weltmarktpreisen verkaufte. Also nahm man den stillgelegten Braunkohletagebau mit den steinalten Maschinen wieder in Betrieb, der Braindrain war ein Grund und natürlich verlor die DDR das Vertrauen ihrer Bürger*innen.

Die Energiewende in Deutschland funktioniert vielleicht mit dem Unwahrscheinlichkeitsdrive, rein rechnerisch ist sie nicht möglich. So um die 30.000 Windräder drehen sich ab und zu im Wind und versorgen unser schönes Land mit ungefähr 10 % ihrer Nennleistung. Die

Herstellerangaben beziehen sich immer auf das Maximum, das ist so, als würden Sie Ihr Auto stets im höchsten Gang mit Vollgas fahren. Jetzt weht aber der Wind manchmal zu schwach, manchmal gar nicht, manchmal zu stark und manchmal passt es auch – der Output reicht für 10 % Strombedarf. Wir bräuchten also 300.000 Windräder, doch dafür fehlt schlicht der Platz.

Haben Sie einmal die Ökobilanz eines Windrades in die Hand bekommen? Die Bilanz ist verheerend. Angefangen beim Stahl und dem Fundament über den Flächenverbrauch zuzüglich der unterirdisch verlegten Stromleitungen bis hin zum Schreddern von Vögeln, Fledermäusen und dem tonnenweise produzierten Insektenmatsch sind diese Dinger ökonomischer und ökologischer Unsinn, ganz zu schweigen von der abstoßenden Hässlichkeit, die ganze Landstriche ästhetisch verwüstet. Die veröffentlichten Praxisberichte im Internet über den Betrieb von Windrädern sind Legion und in zwei Aspekten deckungsgleich: alle widersprechen den offiziellen Verlautbarungen, Berechnungen und Versprechungen über den Nutzen von Windrädern und alle kommen zum gleichen Schluss. Windkraft ist Unsinn.

Wir sind zum Fortschritt verdammt. Gerade deswegen ist es notwendig, jede Innovation von der besseren Lösung her zu denken. Jede nachhaltige Lösung umfasst die Herstellung, die Produktion, den Vertrieb, den Konsum und die Entsorgung – sie umfasst die gesamte Kette unserer Verantwortung.

4.4 Nachhaltige Produkte

Praktisch gedachte Nachhaltigkeit beginnt beim Produktdesign, bei der Auswahl der Rohstoffe und Werkstoffe. Weiter gedacht umfasst nachhaltiges Produktdesign umweltschonende Herstellungsverfahren, eine robuste Funktionalität des Produkts, eine leichte Bedienung, Reparierbarkeit und Langlebigkeit. Je schöner ein Produkt ist – Haptik, Optik, Formen – desto höher ist die Chance, dass es lange genutzt wird. Nachhaltigkeit umfasst also auch die Schönheit!

4.5 Nachhaltiger Konsum

Konsum ist natürlich per se nicht nachhaltig, einfach, weil wir durch den Konsum etwas verbrauchen. Jedes Brot kann man nur einmal essen, auch jedes langlebige Produkt, wie zum Beispiel ein Auto, verbraucht sich mit der Zeit.

Dennoch, nachhaltiger Konsum umfasst die Aspekte der Herstellung der Produkte: von den Rohstoffen bis zu den Arbeitsbedingungen und der gerechten Entlohnung. Und nachhaltiger Konsum umfasst die Verantwortung jedes Einzelnen, sich für ein gutes Produkt zu entscheiden. Ein gutes Lebensmittel-Produkt schmeckt nicht nur gut, dessen Wahl ist immer auch eine Entscheidung für Verantwortung.

Jede örtliche Bäckerei, die ihr Brot mit ausgesuchten Rohstoffen aus der Region backt, stabile Arbeitsplätze schafft und junge Menschen im Handwerk ausbildet, ist einem industriellen Backbetrieb vorzuziehen, der weitgehend automatisch massenweise Brote backt. Der industrielle Backbetrieb kauft seine Zutaten in großen Mengen auf dem Weltmarkt ein, er beschäftigt wenige Spezialisten und viele Hilfskräfte, er bildet im Verhältnis zu seiner Produktionsleistung viel zu wenig junge Menschen aus.

Es geht eben nicht nur um das Brot, es geht um die Verantwortung, die ein Betrieb für seine Region übernimmt. Und es geht um unsere persönliche Verantwortung. Jeder, der sein Brot beim Billigbäcker kauft, trägt seinen Teil zur Zerstörung seiner Heimat bei. Jeder, der sein Brot beim örtlichen Bäcker kauft, trifft eine Entscheidung für Verantwortung.

4.6 Nachhaltiger Lebensstil

Natürlich kann man keinem Menschen vorschreiben, wie er zu leben hat und welche Produkte er konsumieren darf. Man kann allerdings die Produkte entsprechend bepreisen, um deren externalisierte Kosten dem Verursacher und dem Verbraucher zuzurechnen.

> Viele städtische Coffee-Shops bieten ihre Waren „to go" an – also für den Verzehr auf der Straße beim Gehen. Die Verpackung – zum Beispiel der Kaffeebecher – landet seltener in einem der öffentlichen Mülleimer, häufiger einfach auf der Straße oder im Park. Der Betreiber des Coffee-Shops muss die Entsorgung seiner Produkte nicht in die Kalkulation des Preises einrechnen, besser gesagt – er kalkuliert bereits ohne die Entsorgungskosten und ist damit immer günstiger als das klassische Kaffeehaus mit Kaffee aus der Porzellantasse.
>
> Auch die Konsumentin mit dem Kaffeebecher in der Hand preist die Verpackung nicht in ihren Lebensstil ein, sie legt den Becher ja im öffentlichen Raum ab und nicht in ihrem privaten Müll, für den sie Müllgebühren entrichtet. Weder der Anbieter des Coffee-to-go noch die Konsumentin bezahlen den vollen Preis, das übernimmt die Öffentlichkeit mit ihren Steuergeldern, also auch alle die Menschen, die keinen Coffee-to-go trinken.

Ein nachhaltiger Lebensstil beginnt immer bei der Vollkostenrechnung des Produktes – von der Herstellung bis zur Entsorgung. Und ein nachhaltiger Lebensstil kann sexy sein. Die souveräne Entscheidung für einen nachhaltigen Lebensstil ist sehr sexy, das sollten Sie Ihren Kund*innen einfach mal sagen.

4 Nachhaltiges Wachstum

In Deutschland gilt die Konzernbilanzrechnung. Die praktisch praktizierte Monokultivierung des öffentlichen Raumes mit Billigfoodketten, Billigklamottenläden und all den globalisierten Widerlichkeiten ist dem Steuerrecht geschuldet.

Tante Käthes Klatschcafé in der Fußgängerzone beispielsweise ist eine inhabergeführte Konditorei und Bäckerei in dritter Generation. In manchen Jahren läuft es gut, manchmal besser und ab und zu nicht so gut. Das Café schreibt meist Gewinne und manchmal Verluste, ganz normales Business.

Die Lage des Cafés ist gut, die Qualität stimmt, die Gehälter der Angestellten stimmen, die Gäste sind treu, man kennt sich und mag sich. Jetzt eröffnet nebenan ein neues Lokal – mit Wischiwaschikaffeesuppenplörre in -zigfacher Geschmacks-Surrogat-Vielfalt auch für to-go und mit very international Gebäck und seeeehr coolen Namen und natürlich wird hier nichts gebacken und natürlich gibt es kein Fachpersonal und natürlich gibt es die Cookies nicht auf Porzellan, sondern auf recycelbaren Bambustellerchen, die meist achtlos auf der Straße landen. Nennen wir das Café spaßeshalber HipShit. Das Café gehört zu einer Kette, es wird als Franchise-Betrieb geführt. Die Preise sind grausam niedrig. HipShit schreibt Verluste und hält die Preise niedrig und nach und nach zieht es Gäste an. Neue Gäste und auch Gäste aus Tante Käthes Klatschcafé. Tante Käthe muss anfangen zu rechnen. Sie senkt die Preise, die Marge sinkt, Tante Käthe schreibt Verluste und nach drei Jahren ist Schluss und Tante Käthe schließt. HipShit schreibt auch Verluste, doch diese Verluste wandern in die Konzernbilanz und in der Summe macht der Konzern Gewinn. Mit dem

Gewinn gleicht er die Verluste von HipShit aus und nach drei Jahren ist HipShit der Platzhirsch. Genau so geht das! Und deshalb sehen unsere Fußgängerzonen so austauschbar und so öde aus.

Die gelebte Verachtung für die Menschen kulminiert in dem Billig-Klamotten-Dealer nebenan. Dort gibt es zum Beispiel Damenblusen für 5,- €. Bei 5,- € für eine Bluse muss einem doch der Nischel (sächsisch für Kopf) schmerzen. 5,- € kann als Preis nicht hinhauen. Eine Bluse braucht den Rohstoff, die Näher*innen, die Maschinen, die Fäden, die Farbe, die Verpackung, den Transport, die Präsentation, das Foto, die Website, die Verkäufer*innen, die Energie, die Gewinnspanne. Das kann nur hinhauen, wenn das Geschäftsmodell auf Ausbeutung basiert. Hier kommt niemand auf seine Kosten, die Farmer*innen nicht, die Arbeiter*innen nicht, die Verkäufer*innen nicht. Nur das Management natürlich. Wissen Sie, die Kette der Entwürdigung geht ja weiter. Denn in solchen Läden kaufen viele Menschen aus Niedriglohnbereichen, die auch mal etwas Hübsches zum Anziehen haben wollen und das verstehe ich auch. Und diese Menschen werden als Käufer*innen Teil der Entwürdigungsspirale. Sie begegnen einem qualitativ minderwertigen Produkt in einem Ladenlokal mit minderwertiger Ausstattung, sie begegnen mies bezahlten Verkäufer*innen und sie begegnen, wenn auch nur indirekt, ihren ausgebeuteten Artgenoss*innen am anderen Ende der Welt. Diese Menschen bewegen sich in einem geschlossenen Kosmos der Entwürdigung und diesen Kosmos empfinden sie als normal. Das Sein bestimmt das Bewusstsein und dieses skizzierte Sein zwingt viele Menschen in ein würdeloses Leben. Was ich nicht verstehe sind eine Politik und eine Gesetzgebung, die solche Geschäftsmodelle ermöglichen.

4.7 Nachhaltige Regionalentwicklung

Regionen bleiben lebensfähig, wenn die Menschen dort Arbeit finden. Arbeit finden die Menschen, wenn die Betriebe eine vernünftige Infrastruktur vorfinden.

Wer anständige Produkte zu angemessenen Preisen herstellt und verkauft, kann seine qualifizierten Mitarbeitenden gut bezahlen. Dieses Geld sollte so weit als möglich vor Ort in der Region bleiben. Zum Beispiel, um sein Brot in der örtlichen Bäckerei zu kaufen und den Handwerksbetrieb vor Ort zu beauftragen. So entsteht eine stabile Region mit allem, was man für ein gutes Leben braucht – Gesundheitsversorgung, kulturelle Angebote, Vereinsleben, solidarisches Miteinander, Verbundenheit und Verantwortungsgefühl für die eigene Heimat.

4.8 Nachhaltige Kreislaufwirtschaft

Je besser eine Region ökonomisch miteinander verzahnt ist, desto besser geht es den Menschen. Die Wertschöpfung steigt in dem Maße, wie Waren, Dienstleistungen und das Geld in der Region zirkulieren.

Der Facharbeiter Josef – er konstruiert landwirtschaftliche Maschinen in einem mittelständischen Betrieb – bezahlt mit seinem Gehalt den Klavierunterricht seiner Tochter Sofie. Der Klavierlehrer Jens bezahlt mit dem Honorar seine Miete. Die Vermieterin Gerda bezahlt mit dem Geld ihrer Mieter*innen die Handwerksbetriebe, die das Haus sanieren. Die Handwerksbetriebe tragen das Geld auf den Wochenmarkt für ihre Einkäufe. Die Landwirt*innen auf dem Wochenmarkt bezahlen damit die Produkte, die Josef in seinem Betrieb herstellt. Der Betrieb bezahlt mit diesem Geld das Gehalt von Josef. So einfach ist das? Ja, so einfach ist das!

4.9 Nachhaltige Politik

Nachhaltige Politik schafft einen verlässlichen Ordnungsrahmen für das gesellschaftliche Miteinander, sie mildert die existenziellen Nöte der Menschen (zum Beispiel Krankheit, Arbeitslosigkeit und Armut) sie sorgt für die Rahmenbedingungen eines gedeihlichen Gemeinwesens (Bildung, Infrastruktur), setzt das Gewaltmonopol durch und zieht das notwendige Maß an Steuern ein, um die öffentlichen Güter zu finanzieren.

Nicht nachhaltig ist Politik immer dann, wenn sie mit Fördermitteln Strukturen, Institutionen und Projekte schafft, die nicht gemeinwohlorientiert sind, wenn sie eine politisch opportune Klientel versorgt und wenn sie über ihre Kernaufgaben hinaus wirtschaftliche Entwicklungen aus einem politischen Interesse heraus steuert.

Viele DAX-Konzerne in Deutschland unterhalten etliche in Steuerparadiesen angesiedelte Tochterunternehmen, um ihre Liquidität in Krisenzeiten zu sichern. Wirklich jeder Verantwortliche in der Politik und in den Finanzämtern weiß das und alle spielen mit. Diese DAX-Konzerne enthalten den auf Grundlage einer großen Gemeinschaftsleistung entstandenen Gewinn der Gemeinschaft vor. Die Gemeinschaft der Steuerzahler*innen finanziert die Ausbildung der Menschen und die öffentliche Infrastruktur, die Erlöse werden von den DAX-Konzernen privatisiert. In der Corona-Krise wird ja wieder einmal versucht, auch die unternehmerischen Risiken zu privatisieren. Die Geschäftsmodelle vieler DAX-Konzerne mögen rechtlich in Ordnung sein, fair, integer, anständig und nachhaltig sind sie nicht.

Nicht nachhaltig ist Politik immer dann, wenn sie sorglos oder fahrlässig Sozialsysteme (die durch die Beiträge der Menschen finanziert werden) zweckentfremdet und öffentliches Eigentum privatisiert, ohne das Gemeinwohl zu stärken (zum Beispiel die jahrzehntelange Vernachlässigung des sozialen Wohnungsbaus).

Nicht nachhaltig ist Politik immer dann, wenn sie den Zusammenhalt in der Gesellschaft gefährdet und Spaltungstendenzen ihren freien Lauf lässt. Allerdings kommt eine gespaltene Gesellschaft jedem Herrschenden recht. Denn gespaltene Gesellschaften kämpfen gegeneinander und reiben sich im Kleinkrieg auf, statt gemeinsam für etwas Großes einzustehen und zu kämpfen. Divide et Impera – Teile und Herrsche – lautet ein Prinzip der Macht. Unsere Gesellschaft ist gespalten in Menschen, die Arbeit haben, und in Hartz-IV-Empfänger*innen, in Umweltsäue und Willkommensklatscher*innen, in Veganer*innen und Wutbürger*innen, in Nazis und Kapitalist*innen, sie ist in so viele Einzelteile zerfallen, dass man nicht mehr das Ganze sieht. Von diesem ätzenden Gegeneinander profitiert die neoliberale Ideologie enorm. Sie braucht den verunsicherten und vereinzelten Menschen für ihre Botschaft: „Du bist allein – Du musst kämpfen – Gier ist gut – Nimm, was Du kriegen kannst – Wenn Du es nicht tust, dann tut es ein anderer" – bis hin zu: „Gewalt ist manchmal legitim". Und so ballert der eine seinen brandneuen Audi über die Autobahn und die andere fischt Flüchtlinge aus dem Meer und beide hassen sich gegenseitig. Vermutlich ist es der Selbsthass, der uns eint, wir hassen uns und die anderen und jeder schaufelt sich eine tiefere, festere Sandburg für seine geschlossene Welt.

> Der seit nahezu einem Jahrzehnt andauernde Bürgerkrieg in Syrien ist eine Schande für Europa. Es ist eine Schande, die Flüchtlinge in elende Lager zu pferchen,

4 Nachhaltiges Wachstum

es ist eine Schande, diese Flüchtlinge dauerhaft bei uns zu versorgen ohne Perspektive, dass diese Menschen wirtschaftlich jemals auf eigenen Beinen stehen und Würde empfinden können, es ist eine Schande, dass wir Europäer Syrien nicht druckvoll militärisch befrieden und den Bürger*innen dieses Landes ihre Heimat vorenthalten. Bevor jetzt manche Gutmenschen hyperventilieren – was bitte haben die Amerikaner, die Franzosen, die Briten und die Russen gemacht? Sie haben Deutschland von dem Terror-Regime der Nationalsozialisten befreit und den Deutschen ihre Heimat zum Wiederaufbau zurückgegeben (diesen Satz schreibe ich am 8. Mai 2020, dem 75. Jahrestag der Befreiung Deutschlands von der Nazidiktatur).

Die Zerfaserung der Bevölkerung in kleine Gruppen und die Überbetonung der Individualität verhindert den Zusammenhalt, den jede Gesellschaft braucht, um gemeinsam etwas Großes zu schaffen, zum Beispiel ein nachhaltig wirtschaftendes Gemeinwesen.

Und nein, einen Audi als Geschoss zu verwenden ist gar nicht gut. Und ja, Menschen vor dem Ertrinken retten ist gut. Nicht gut daran ist, diese Menschen damit in Dauerabhängigkeit zu verfrachten. Wenn die Politik es ernst meinen würde mit dem Gemeinwohl, gäbe es keine geschosstauglichen Autos und es gäbe keine Welt, die Menschen in Schlauchboote drängt.

Ein eindrückliches Beispiel für nicht nachhaltige Politik waren für mich die Tage von Chemnitz mit der vom sächsischen LKA belegten Jagd auf Migrant*innen und der angeordneten Aufarbeitung. Da musizierte dann auf Staatskosten die Band „Feine Sahne Fischfilet" und intonierte schöne Lieder, in denen „Bullenhelme fliegen" sollen und „Knüppel in die Fresse kriegen" … hmmm … das ganze gesponsert von Coca-Cola und anderen Konzernen und sonorbesorgt unterfüttert von Bundespräsidentensprech mit Versöhnung und Verantwortung und so. Ich dachte mir damals: „Mein Gott, wir haben die herrliche Staatskapelle Dresden und das wundervolle Gewandhausorchester Leipzig, könnten die nicht etwas Schönes spielen?"

Die Geschichte geht noch weiter. Einige Wochen nach diesen Ereignissen reisten wir nach Chemnitz für ein Konzert unseres jüngeren Sohnes im Stadtpark Chemnitz. Etwas unruhig aus dem Autofenster die Umgebung nach wilden Nazi-Horden absuchend erreichten wir den offenen Stadtpark mit der Bühne mittendrin. Und außenrum saßen wir dann und lauschten, die Jungen und die Alten, die Familien, die Paare und die Singles, zwischendrin wuselnde Kinder, Migrant*innen, Deutsche, Zugereiste, Frauen mit und ohne Kopftuch und in den Pausen wurden viele Sprachen hörbar, die einen tranken Tee, die anderen Bier und es war einfach so sehr friedlich in Chemnitz.

Das wäre eine dringende Empfehlung von mir. Wenn Sie in den Nachrichten hören, irgendwo in unserer Republik wäre etwas ganz schrecklich, zum Beispiel die Nazis in Sachsen, dann fahren Sie da hin und machen Sie sich ihr eigenes Bild. Wir lebten zehn Jahre lang in Leipzig und wir wandern gerne – in der Lausitz, im Elbstandsteingebirge, im Erzgebirge. Wir mögen das, in kleinen Gasthöfen einkehren, in Familienpensionen übernachten, mit den Menschen reden.

Auf unserer ersten Fahrt in das Erzgebirge erwartete ich mediengeschult monströse Freikirchen mit Blutkreuzen, allenthalben die Reichskriegsflagge und glatzköpfige Männer, die bei unseren Anblick gewärtigend drohend ihre Bierdosen zerquetschen. Wir zählten exakt eine FC-Bayern-Fahne, drei schmucke kleine Freikirchen und null Nazis. Wir lernten immer außerordentlich liebenswürdige und fleißige Menschen kennen, die sehr familienbezogen leben und vieles, was aus Berlin kommt, ablehnen. Wir erfuhren von der massiven Grenzkriminalität und dem Überschwemmen des Erzgebirges mit Drogen aus Tschechien, die ganze Dörfer verwüsten, dem Abbau von Polizeiposten und der damit verbundenen Machtlosigkeit. Wir erlebten, dass die Menschen aus eigener Kraft wieder Schmalspurbahnen aufbauten und dort die Jugend zu Lokomotivführern ausbilden, wir erfuhren, wie sich die Erzgebirgler gegen den Ausverkauf ihres Kunsthandwerks nach China wehrten und bis heute in kleinen Manufakturen und im Spezialmaschinenbau arbeiten. Wir sahen japanische Auszubildende, die im Erzgebirge die weltweit herausragende Kunst des Holzkünstlers lernen. Kann es sein, dass das widerborstige Erzgebirge „unser gallisches Dorf" in Deutschland ist, das sich gegen die Doktrin stellt und dafür medial bestraft wird?

Eine kleine Geschichte zum Abschluss dieses Gedankens. Eine meiner Geschäftsreisen während der Hochzeit unserer Flüchtlingskrise im Jahr 2016 führte mich in den hohen Norden in der Nähe von Hamburg. Ich chauffierte mein Auto mit dem L-Kennzeichen – L für Leipzig – durch die Lüneburger Heide. Am Ziel angekommen wurde ich begrüßt mit dem Satz „Ach, Sie kommen aus Sachsen" und ob es da nicht schrecklich sei mit den ganzen Nazis. „Doch", meinte ich, „in Sachsen tragen die Nazis Glatze und Bomberjacken und speckige Hosen, die erkennt man sofort. Schwieriger wird es, die Nazis in Hamburg zu erkennen, dort tragen sie Anzüge mit Krawatte, sie haben die Taschen voller Geld und sie bezahlen einen Rechtsanwalt, damit er gegen eine Flüchtlingsunterkunft in ihrem Quartier klagt."

4.10 Nachhaltige Mobilität

Jeder Mensch will mobil sein. Mobilität ist eine Grundbedingung für Selbstbestimmung. Allerdings ist Mobilität auch ein Privileg – zumindest die Art der Fortbewegung. Wer sich kein Auto leisten kann oder will, der fährt eben Fahrrad oder Bahn. Viele Menschen sind heute zur Mobilität gezwungen, einfach, weil der Wohnort und der Arbeitsort weit voneinander entfernt liegen oder die Arbeit viele Reisen mit sich bringt.

> Bei über 50 Prozent Anteil an privat induzierten Kilometern am gesamten Kilometeraufkommen darf auch über die Kosten der Mobilität vor allem für Dritte nachgedacht werden (Feinstaubbelastung in den Städten, Parkraumbewirtschaftung). Der Schwerlastverkehr auf den Straßen macht nachdenklich. Kann das nicht auf die Schiene? Kann das nicht auf einen Kanal? Der Billigflugverkehr macht nachdenklich. Gibt es ein Grundrecht auf ein 20-Euro-Ticket von München nach Rom?

4 Nachhaltiges Wachstum

Den Besuch im Freizeitpark, den Wochenendtrip, die Fahrt zum Ponyhof betrachten wir als Grundrecht. Das ist leider falsch. Mobilität ist kein Grundrecht, Mobilität ist ein Privileg. Wer es sich leisten kann und will und den vollen Preis dafür bezahlt, darf gerne mit seinem Auto fahren. Wer es sich nicht leisten kann und will, der fährt eben Rad oder geht zu Fuß oder nimmt die Bahn.

Es macht keinen Sinn, die LKW-Fahrer*innen zu beschimpfen. Wie viele andere sind auch sie einfach Teil des Systems. Ein LKW auf der Straße kostet das Unternehmen keine Lagerkosten. Diese Kosten hat das Unternehmen nach außen gegeben, an die Umwelt. Der Preis für uns alle ist der Abgasruß, der Lärm, der Stau, die Verschandelung der Landschaft und rasch verschleißende Straßen. Drastisch vor Augen geführt wurde uns die Misere, als die Corona-Epidemie Europa heimsuchte. Da ging es in Brüssel ganz schnell und dringlich darum, dass der Warenverkehr weiterhin ungehindert fließen kann, einfach, weil wir in Europa keine Lagerhaltung mehr betreiben.

Wenn sich der Verkehrsminister selbst zum Mobilitätsminister erhöht und uns als intellektuelle Spitzenleistung den E-Scooter als ökologisch-ideales Fortbewegungsmittel in den Städten präsentiert – ein Fortbewegungsmittel mit durchschnittlich sechs Wochen Haltbarkeit, das Nacht für Nacht aus allen Winkeln der Stadt von LKW zusammengesammelt wird und konsequent als Sondermüll endet – spätestens dann ist es an der Zeit für große Zweifel am geleisteten Eid unserer Volksvertreter*innen, Schaden vom Deutschen Volk abzuwenden. Der Artikel 56 (und damit verbunden der Artikel 64, Satz 2) in unserem Grundgesetz ist eindeutig: „Ich schwöre, dass ich meine Kraft dem Wohle des deutschen Volkes widmen, seinen Nutzen mehren, Schaden von ihm wenden, das Grundgesetz und die Gesetze des Bundes wahren und verteidigen, meine

Pflichten gewissenhaft erfüllen und Gerechtigkeit gegen jedermann üben werde. (So wahr mir Gott helfe)."

Nachhaltige Mobilität beginnt bei Infrastrukturen, die ein nachhaltiges Mobilitätsverhalten begünstigen. Gute und sichere Radwege in den Städten, ein attraktiver und gerne kostenfreier öffentlicher Nahverkehr, eine dichte Taktung der Bahnverbindungen, wo es nicht um Spitzengeschwindigkeiten von ICEs geht, sondern um Prozessgeschwindigkeit – also robust verlässliche Anschlüsse der Züge. Es geht nicht um die Verbindung Berlin – Frankfurt, es geht um die Verbindung Hohentann – Leiblfing.

4.11 Forschung für Nachhaltigkeit

Es gibt erfreuliche Entwicklungen an deutschen Hochschulen für Nachhaltigkeit. Insbesondere im Ingenieurwesen für das Bauen wird das Prinzip der Nachhaltigkeit von Anfang an mitgedacht, zum Beispiel die Energieversorgung von Häusern und das Bauen mit Holz.

Gut wäre es, das Prinzip der Nachhaltigkeit allen Studiengängen zu Grunde zu legen. Auch die Betriebswirtschaft, Jura, Medizin und die Geisteswissenschaften können in vielen Bereichen mit dem Prinzip der Nachhaltigkeit bessere Fragen stellen und bessere Antworten finden.

5

Holz ist der Werkstoff des 21. Jahrhunderts

Holz wächst nach, Holz ist langlebig, Holz ist vielseitig einsetzbar, jedes dem Wald entnommene Holz schafft Platz für neue Bäume. Holz ist klimaneutral. Die Kaskadennutzung von Holz ermöglicht eine sehr lange Lebensdauer. Aus Holz entstehen Häuser, Möbel, Instrumente, Kleidung, Papier und vieles mehr. Jedes Produkt mehr aus Holz ist ein Produkt weniger aus Plastik.

Holz ist natürlich nicht per se ein nachhaltiger Naturstoff. Es kommt darauf an, wie wir das System der Holzbewirtschaftung gestalten. Natürlich sollte Holz aus nachhaltig bewirtschafteten Wäldern und möglichst aus der Region kommen und von Menschen bewirtschaftet werden, die mit ihrer Arbeit einen gerechten Lohn erwirtschaften.

Die Holzbewirtschaftung in Italien zum Beispiel vor vielen hunderten Jahren war nicht nachhaltig. Wer heute durch Italien reist, fährt durch ein größtenteils waldarmes, teils verkarstetes Land. Das Holz wurde geschlagen für den Bau von Schiffen, es schwand dem Weideland oder wurde schlicht verbrannt, es wurden keine neuen Bäume gesetzt und schließlich wurden die Böden so schlecht, dass darauf nur noch Macchie wächst. Das ist schon spannend, daraus zu lernen. Wer sich nicht nachhaltig verhält, zerstört auf Dauer die Grundlage für nachhaltiges Wirtschaften.

5 Holz ist der Werkstoff des 21. Jahrhunderts

5.1 Nachhaltig Bauen

Nachhaltig Bauen ist langlebig bauen. Mit natürlichen Baustoffen und mit wiederverwertbaren Baustoffen. Nachhaltige Bauten eröffnen unterschiedliche Nutzungsmöglichkeiten und leichte Anpassungen an neue Nutzungen. Nachhaltige Bauten bereichern das Umfeld, sie beziehen sich auf gewachsene Strukturen. Nachhaltige Bauten sind störungsarm – von der Errichtung bis zum Betrieb mit einer robusten, einfachen Haustechnik.

Neubauten werden heutzutage als Niedrigenergiehäuser konzipiert. Das ist im Grunde eine prima Sache, in der Praxis wird dann doch aufgeschäumtes Erdöl – sprich Styropor – an die Fassade geklebt. Die Haustechnik regelt dann alles – Temperatur, Lichteinfall, Raumfeuchte für jeden einzelnen Raum! Die Insassen können selbsttätig weder die Fenster öffnen oder schließen noch die Verschattung bedienen oder gar die Deckenleuchte an- und ausschalten. Sie sind Teil des automatisierten Raumklimamikromanagements. Lustig ist, dass diese Gebäude so hochkomplex sind, dass die Elektronik regelmäßig ausfällt oder „spinnt" und der Haustechniker Dauergast im Haus ist. Noch viel lustiger ist, dass diese Gebäude mit dem Neubaustandard von 60 Jahren Haltbarkeit gebaut werden.

> In Leipzig lebten und arbeiteten wir in einem Fabrikgebäude aus dem Jahr 1890. Dieses Gebäude hat zwei Weltkriege und zwei Diktaturen überstanden. Unser Haus aus Ziegel, Holz und Glas wird vermutlich weitere 100 Jahre stehen bleiben. Der oben beschriebene Neubau ist mit Beginn seiner Entstehung Sondermüll, der irgendwann entsorgt werden muss. Doch es gibt Hoffnung: immer mehr junge, „wilde" Architekten entwickeln abgefahrene Ideen, darunter Häuser, deren Fenster man mechanisch mittels Griff öffnen, kippen und schließen kann. Fantastisch!

Bauen im Bestand ist meist die bessere Alternative als ein Neubau am gleichen Platz. Denn in jedem Bau ist die für seine Errichtung notwendige Energie gespeichert – die graue Energie. Bei Abriss und Neubau wird die graue Energie vernichtet, sie emittiert als Abfall, Lärm und Dreck und muss sachgerecht und Platz fressend deponiert werden.

Mit intelligenten Konzepten und dem nachhaltigen Baustoff Holz kann nahezu jeder Bau im Bestand ohne nennenswerte Beeinträchtigung seines Umfeldes modernisiert werden, während der Bauphase kann der Betrieb aufrechterhalten werden (zum Beispiel Schulen, Krankenhäuser, Behörden) und der neue modernisierte Baukörper fügt sich in die räumliche Struktur seines Umfeldes.

5.2 Nachhaltige Kaskadennutzung

Jedes Produkt hat einen endlichen Lebenszyklus, es lebt von der Wiege bis zur Bahre – Cradle to Grave. Das Ideal ist ein Produkt mit einem unendlichen Lebenszyklus – Cradle to Cradle. Die Konzepte reichen hierbei vom Re-Cycling bis zum Up-Cycling.

In der Realität findet meist ein Down-Cycling statt. Aus hochwertigen Produkten werden stufenweise minderwertige Produkte. Sind die Werkstoffe des Produktes nicht oder nur aufwendig wiederverwertbar (wie zum Beispiel bei Mobiltelefonen), erleben wir eine kurze Kaskade der

Wiederverwertung. Sind die Werkstoffe des Produktes leicht wiederverwertbar (zum Beispiel ein Holzstuhl), dann erleben wir eine lange Kaskade der Wiederverwertung.

Natürlich kann man kein Mobiltelefon aus Holz herstellen, deshalb gelten gerade für technisch komplexe Produkte höchste Sorgfalt beim Einsatz der Roh- und Werkstoffe (sortenreine Wiederverwertung) und eine lange Lebensdauer.

5.3 Nachhaltiger Waldumbau

Der Klimawandel verändert unsere Natur, unsere Tierwelt und Pflanzenwelt, er verändert unsere gesamte Umwelt. Unsere Wälder verändern sich. Das wärmer und trockener

5 Holz ist der Werkstoff des 21. Jahrhunderts

werdende Klima mit vermehrten Extremwetter-Ereignissen (Starkregen, Schneemassen, Hitzewellen, Trockenheit) macht den Wäldern zu schaffen. Wer mit wachem Blick durch Deutschland fährt bemerkt zunehmend braune Flecken im Wald. Vor allem die Nadelbäume leiden, insbesondere die standortferne Fichte.

Viele Interessengruppen sind dem Wald ökonomisch und emotional verbunden. Die Waldeigentümer*innen, die Jäger*innen, die Erholungssuchenden, der Staat, die Gemeinden, die Forstämter und der Naturschutz. Bei allen teilweise übereinstimmenden und teilweise divergierenden Interessenlagen steht nur eines fest: Am Waldumbau führt kein Weg vorbei, wenn wir auch in Zukunft Wald in Deutschland haben wollen.[1]

---

[1] Näheres zum Thema Waldumbau siehe https://www.forstwirtschaft-in-deutschland.de/forstwirtschaft/forstwirtschaft-in-deutschland/waldumbau (Zugriff 6.4.2021).

5.4 Nachhaltige Landwirtschaft

Die Landwirte in unserem Land brauchen bestimmt keine Beratung zum Thema Nachhaltigkeit. Sie sind es, die unsere vielfältige Kulturlandschaft über Generationen bewirtschaften und bewahren. Das gelingt nur, wenn man nachhaltig wirtschaftet.

> Fraglich wird es immer, wenn die politisch gesetzten Rahmenbedingungen Nachhaltigkeit verhindern. In Brasilien wird auf brandgerodeten Flächen Soja erzeugt. Dieses Soja dient in Deutschland der Schweinemast. Das Schweinefleisch wird vorwiegend nach China exportiert. Das ist bestimmt nicht nachhaltig. Die Politik zwängt die Landwirte in ein falsches Leben.

In 2020 erlebte Europa einen weiteren Dürresommer – mitten in der Corona-Epidemie. Es drohten Ernteausfälle und in Deutschland fehlten die Erntehelfer. Doch Europa regelte das und trotz Reisebeschränkungen und -verboten durften fleißige polnische Erntehelfer*innen zum roboten auf die deutsche Scholle. Das ist gut für Deutschland und schlecht für Polen. Denn die traditionell im Sommer nach Polen einreisenden Erntehelfer*innen aus der Ukraine fehlten dort in 2020, da sie Corona-bedingt nicht ausreisen durften. So ist in Polen die Ernte auf den Feldern verrottet. Ich nenne diese Europa-Politik imperialistisch.

Es wäre gut, wenn man diese umweltzerstörenden und menschenverachtenden Produktionsmethoden bepreisen würde. Und schwupps wäre das Soja sauteuer und die Kette der Ausbeutung fiele auseinander. Doch was kostet verbrannter Regenwald? Was ist uns Regenwald wert? Was ist uns ein Schweineleben wert? Warum müssen Chinesen billiges Schweinefleisch aus Deutschland importieren?

5 Holz ist der Werkstoff des 21. Jahrhunderts

In der Corona-Krise wurden verschiedentlich Missstände in großen Schlachtbetrieben öffentlich. Das medial kommunizierte Hauptproblem sei die Unterbringung der Arbeiter aus Osteuropa, denn in den Gruppenunterkünften könne sich das Virus besonders leicht verbreiten. Nun denn, man hat die betreffenden Schlachtbetriebe geschlossen und ging zur Tagesordnung über. Doch das Hauptproblem ist, dass derartige Missstände – das Zusammenpferchen der Arbeiter aus Osteuropa in kaum menschenwürdigen Sammelunterkünften und deren akkordlohnoptimierte Arbeitsbedingungen zu hiesigen Niedrigstlöhnen – seit Jahren bekannt sind, in Politik und Gesellschaft – und wirklich niemand etwas dagegen unternimmt, kein Politiker, kein Unternehmer, kein Verbraucher. Alle spielen das neoliberale Spiel. Wenn es auffliegt, handelt es sich immer „um bedauerliche Einzelfälle". Was uns eint, ist die ekelerregende Doppelmoral in einem imperialistischen Ausbeutersystem, von dem wir trefflich profitieren, vom Politiker, der sich über Wahlkampfspenden freut bis hin zu den sich über die Kühltheke beugenden „Geiz-ist-geil"-gierigen Konsumenten.

Muss die Landwirtschaft dieses Spiel mitspielen? Vermutlich ja, denn es gibt kein richtiges Leben im Falschen. Das richtige Leben der Bauern beginnt bei der Herstellung qualitätvoller Lebensmittel, die zu fairen Preisen verkauft werden. Der faire Preis umfasst die Herstellungskosten der Lebensmittel zuzüglich einem angemessenen Gewinn, damit die Bauern in ihre Betriebe investieren können.

Die Lebensmittel werden vorwiegend regional verkauft, das Geld bleibt in der Region und die Wertschöpfung steigt für alle Menschen. Nachhaltige Landwirtschaft ist vernünftige und gesunde Landwirtschaft.

5.5 Nachhaltige Lebensmittel

Nachhaltige Lebensmittel sind saisonal, regional und biologisch. Nachhaltige Lebensmittel reisen nicht um die halbe Welt, so wie Pilze aus Nordkorea in den Supermarkt nach Leipzig.

Nachhaltige Lebensmittel werden zu fairen Bedingungen hergestellt und entziehen dem Boden nicht mehr Wasser und Nährstoffe, als wieder auf natürlichem Weg in den Boden gelangen.

Und nachhaltige Lebensmittel vergiften nicht den Boden, in und auf dem sie wachsen. Ja, das ist eine Utopie in einer Welt mit dem Mantra der angeblichen Alles-Immer-Überall-Verfügbarkeit. Doch es ist eine sinnvolle Utopie.

6

Bildung für Nachhaltigkeit

Die Bildung für nachhaltige Entwicklung – BNE – umfasst ein breites Themenspektrum und ist in den 17 Zielen der Nachhaltigkeit – SDG Sustainable Development Goals – trefflich zusammengefasst.

Interessant ist die Umsetzung der BNE mit ausgewählten Zielen der SDG in der betrieblichen Praxis. Jeder Aufgabenstellung gemeinsam ist die Suche nach wirtschaftlich tragfähigen Lösungen gemäß den Prinzipien der Nachhaltigkeit. Doch Vorsicht! Auf Dauer von Fördermitteln abhängige Unternehmen, Institutionen und Projekte sind nicht nachhaltig. Wer abhängig ist, kann weder frei denken noch handeln, er singt das Lied seines Herrn.

> In Deutschland gibt es sehr viele Projekte zum Thema Nachhaltigkeit. Damit kenne ich mich wirklich aus – so wie mit dem bereits beschriebenen nachhaltigen Bauen. Nachhaltigkeit ist ja das Ding, auf das sich vor allem fördermittelfinanzierte Umweltpädagogen, Geologen, Biologen, Diversitätsexperten (… und *innen), Klimaforschende und ganz viele andere Wissenschaftlernde stürzen und in World-Cafés und Workshops und Innovation-Camps Metaplans vollmalen und die Köpfe zusammenstecken und voll kreativ sind und am Ende hat man ein Leitbild aufgeschrieben. Das Leitbild ist sprachlich unaussprechlich kompliziert aber gendergerecht, es ist belehrend und sagt allen Menschen, was sie ab jetzt zu tun und vor allem, was sie zu lassen haben. Nach dem Workshop-Camp-Café wenden sich die Teilnehmenden anderen wichtigen Aufgaben zu und das Leitbild verschwindet in der Schublade, wo es zu Recht niemand vermisst.

Ich habe es noch und noch erlebt – ein Teilnehmender hat eine großartige Idee, das Plenum ist verzückt, ein Projekt, ein Projekt, ach ja, das machen wir und frisch ans Werk sogleich, doch dann kommt immer, wirklich immer die gleiche Frage: Wo nehmen wir das Geld her? Welchen Fördertopf können wir abgreifen? Gibt es dafür Mittel

6 Bildung für Nachhaltigkeit

aus dem europäischen Sozialfonds? Ich habe es noch nie erlebt, dass in diesen Kreisen jemals ein Projekt finanziell aus eigener Kraft gestemmt worden wäre oder dass so ein Projekt sich jemals wirtschaftlich selber getragen hätte. Einmal musste es sein, und ich fragte einen Teilnehmenden, ob er denn wisse, wo das Projektgeld herkäme? Ein verwunderter Blick saugte sich an mir fest. Naja, das Geld kommt aus der Wirtschaft, es sind Steuergelder, das Geld kommt aus der Atomindustrie, aus der Pharmaindustrie, aus der Autoindustrie, aus der Waffenindustrie, es kommt aus den Quellen, die ihr verachtet. Diese Perspektive wäre ihm völlig neu, sagte der Teilnehmende, das höre er zum ersten Mal. Der Teilnehmende war leitender Mitarbeiter einer Stadtverwaltung.

Nachhaltigkeit in der betrieblichen Praxis bedeutet unternehmerische Verantwortung und damit die Freiheit, das Richtige zu tun und dafür Menschen zu begeistern. Das gilt auch für Bildungseinrichtungen, die sich dem Thema BNE widmen und ihre Angebote an erwachsene Menschen richten. Entweder ist die Strahlkraft des Themas BNE zu gering oder das Thema BNE wird schlecht promotet oder die Betreiber*innen der Bildungseinrichtungen sind faul. Es scheint leichter zu sein, an Fördermittel zu kommen, als Menschen für das eigene Angebot zu begeistern. Das Dumme ist, einer auf den dauerhaften Zufluss von Subventionen und Fördermitteln ausgerichteten Organisation liegt dieses Verhalten in den Genen. Wie bitteschön soll ich glaubhaft BNE vermitteln, wenn ich selbst dazu nicht in der Lage bin? Das ist genauso glaubhaft wie eine schlecht frisierte Friseurin oder ein Autohändler, der mit einer klapprigen Rostlaube vorfährt. Nicht besser sind die tranigen Ökobuden mit ihrem Korrektsprechdenk. Natürlich gibt es auch hervorragend geführte und gemanagte Bildungseinrichtungen, und die fühlen sich jetzt bitte nicht angesprochen.

Es wäre zu billig zu lästern über die Überfülle an vollständig zu Recht nicht zu Marktpreisen nachgefragten Veranstaltungen, vom achtsamen Schweigetreff in einem Café über Dragon-Dreaming-Seminare für kollektives Träumen bis hin zu meditativen Tuchtänzen in Kräutergärten. Sie müssen das in seiner Gänze verstehen: Diese Veranstaltungen sind alle subventioniert! Mit Steuergeldern! Doch gehen Sie selbst auf Entdeckungsreise, die Veranstaltungskalender der Bildungsanbieter bersten ja von kreativen Formaten und Inhalten. Die Inhalte und die Textur der BNE-Anbieter empfinde ich persönlich schlicht als Werbung für eine Art Ökohölle. Nachhaltig scheint mir hier nur das Grauen!

Der mehrtägige Besuch in einem nach ökologischen Prinzipien errichteten und bewirtschafteten Dorf im Irgendwo in Deutschland brachte denn auch ans Licht, dass die Dorfbewohner zwar alle mehr oder weniger rührig sind, mit anpacken und die Bäume mit Pferden aus dem Wald holen, vegetarisch essen und gemeinsam in der Schwitzhütte hocken, vielleicht auch nachts nackt durch den Wald geistern und nahezu alles basisdemokratisch diskutieren und entscheiden, doch am Ende stehen die Tatsachen, dass zwei Drittel der Dörfler auf Hartz IV angewiesen sind und das Dorf von LOTTO unterstützt wird – also kofinanziert wird durch Glücksspiel. Gleichwohl ist nur jeder Bewohner in der Gemeinschaft stimmberechtigt, der sich in die Genossenschaft einkauft. Keine Anteile, keine Mitsprache. Am Ende der dörflichen Nahrungskette wird ein genossenschaftsanteilsloser Mann in der Gemeinschaft geduldet, weil er die Öko-Trocken-Klos reinigt … hmmm …

Im Rahmen eines großangelegten Projekts für Bildung für nachhaltige Entwicklung im Auftrag eines Umweltministeriums kam ich mit dem Phänomen der „invasiven Arten" in Berührung. Das Wort invasiv kommt aus dem Lateinischen „invadere": „einfallen, eindringen". Es folgt ein Zitat aus der <u>Website des World Wide Fund For</u>

6 Bildung für Nachhaltigkeit

Nature – WWF[1]: „Der Erhalt der biologischen Vielfalt dient immer auch dem Erhalt der menschlichen Lebensgrundlagen – sowohl global als auch lokal. [...] Immer mehr Tiere und Pflanzen werden durch den Menschen – absichtlich oder unabsichtlich, bewusst oder unbewusst – in Gebiete eingeführt, in denen sie bisher nicht heimisch waren. Wenn sich solche eingeschleppten Arten im neuen Lebensraum etablieren, können sie negative Auswirkungen für die dort angestammten Arten mit sich bringen und diese verdrängen. Ein Problem, das durch Globalisierung, Reisen und Transporte noch zunehmen wird. [...] Die Gefahren der biologischen Einwanderung: Informieren Sie sich jetzt beim WWF! Eingeschleppte, invasive Arten gefährden die ursprüngliche Artenvielfalt. Werden Sie aktiv. Wir bewahren Lebensräume." Seit vielen Jahren gibt es überall in Europa finanziell geförderte Projekte zur Bekämpfung invasiver Arten." ... hmmm ...

Umweltbildung ist ein wichtiger Teil der BNE. Die Umweltbildung konzentriert sich in erster Linie auf die Naturerfahrung. Nachhaltigkeit ist eine Haltung, sie ist eine Lebenspraxis. Geübt, verinnerlicht und als Teil des Selbst empfunden entfaltet sie eine Kraft, die ein gutes Leben begünstigt.

Zu meiner Schulzeit nannte man das noch nicht Umweltbildung. Unser Klassenlehrer in der Grundschule – Direktor Pöbing – führte einmal pro Woche(!) einen Wandertag durch. Jeden Freitag bei beinahe jedem Wetter ging es raus in die Natur, in den Wald, an einen See oder an die Isar und dort erhielten wir Unterricht – in Biologie, Erdkunde, Geschichte. Das Fach hieß Heimatkunde.

---

[1]https://www.wwf.de/themen-projekte/artenschutz-und-biologische-vielfalt (Zugriff: 29.03.2021).

6.1 Nachhaltigkeit braucht Aufklärung

Auf den vielen Seminaren, Workshops, Symposien, Kongressen und Messen zum Thema Nachhaltigkeit begegnete ich auch manch großem Nachhaltigkeits-Guru, die eine oder den anderen titulierte man gar als Nachhaltigkeits-„Papst". Manch Einblick in die Lebenspraxis der Guru-Päpste und -Päpstinnen offenbarte einen privaten Lebensstil mit Villa in Berlin, Monster-SUV von Mercedes, ausgedehnten Ländereien in der Toskana, finanziell mit Fördermitteln üppigst ausgestattete Institute mit entsprechender Personalausstattung. Natürlich lässt man sich vom Bahnhof mit dem E-Auto zum Kongress chauffieren, um dort der huldvollen Gemeinde salbungsvoll zu predigen. Sie wundern sich über die pfäffische Konnotation? Nun denn, mit diesem Framing operiert die Umwelt-Szene sehr erfolgreich und verknüpft die christliche Botschaft „Schöpfung bewahren" mit dem schuldhaften Eindringen in die Natur. Dazu passend werden die Wörter gereicht – Klimasünder, Klimawandelleugner, Flutopfer und die apokalyptischen Bilder von der verglühenden Erde und der alles verschlingenden Sintflut.

Die Verkettung des Bewahrens mit der Schuld öffnete der BNE-Szene schon sehr früh die Pforten der Kirchen – der katholischen und der evangelischen –, die im Zuge ihrer zunehmend differenzierten und verweltlichten Ansprache von Zielgruppen mit der Umweltbildung einen reichen Mutterboden betraten – auch hier fließen nicht zu knapp Fördermittel aus Steuermitteln – und fürderhin ihre Botschaft gleichermaßen unter bibelfesten Kirchgängern und ökologisch beseeltem Jungvolk säten. Haben Sie schon einmal mit einem fiebrigen Christen diskutiert? Sie haben schlicht keine Chance. Da ist mir mein entspannt aufgeklärter Halāl-Metzger echt lieber. Dieses Dialog- bzw. Verständigungs-Problem finden Sie übrigens bei jedem fundamentalistisch denkenden Angehörigen jedweder religiösen oder weltanschaulichen Couleur. Es wäre aber fatal, diese Gruppen gegeneinander auszuspielen – das bringt den Dialog auch nicht weiter.

Das Bambi-Syndrom erklärt diese inneren Zusammenhänge der religiös unterfütterten Öko-Ideologie sehr schön. Auf der einen Seite steht geschrieben „Die Natur bedarf vor allem fürsorglicher Hilfe und Pflege", auf der anderen Seite steht geschrieben „Der Mensch ist der größte Feind der Natur". Dazwischen steht der Mensch mit seinen Allmachtsphantasien „nur ich kann der Natur helfen" und der daraus resultierenden, den Menschen über die Natur hinaushebenden Helferpose. Es ist nur natürlich, dass von dieser Warte aus jede Kritik am Umweltschutz tabuisiert wird. Naturschutz ist das absolut Gute, jede abweichende Haltung, jede kritische Frage wird umstandslos mindestens mit Verachtung gestraft.

Natürlich ist Umweltschutz eine prima Sache und hier haben wir in Deutschland wirklich gute Fortschritte gemacht. Das Problem ist, wenn man den Diskurs für beendet erklärt und wenn statt dem besseren Argument, um dessen Verständnis man manchmal zäh ringen muss, die Ausgrenzung steht. Dann wird aus Wissenschaft ein Dogma und dann wird's fast schon sektiererisch.

Weiter mit dem Bambi-Syndrom: Aus der Allmachtsphantasie und der Tabuisierung erwachsen vier Phänomene:

- Die kindliche Verniedlichung der Natur,
- das als schuldhaft empfundene Eindringen in die Natur,
- die moralische Überhöhung des Schutz- und Pflegeanspruchs der Natur und
- die Berührungsverbote der Natur entgegen den eigenen Bedürfnissen.

Natur und Umwelt werden pädagogisiert, der Umweltschutz wird infantilisiert, was bleibt, sind Naturverklärung, Naturkulisse und gedankenloser Naturverbrauch.

Die Ergebnisse der pädagogisierten Umweltbildung sind schrecklich: 90 % der Menschen halten das Pflanzen von Bäumen für wichtig, 75 % der Menschen sind der festen Überzeugung, das Fällen von Bäumen schadet dem Wald. Es kommt noch schlimmer: Der Mensch kommt im Naturbild grundsätzlich nicht mehr vor, Menschen begreifen sich nicht als Naturwesen. Die wirtschaftliche Nutzung der Natur wird ausgeblendet und verdrängt.

6 Bildung für Nachhaltigkeit

Was resultiert aus all dem? Der Zusammenhang von Aufzucht und Ernte geht verloren. Der Wert der Natur übernimmt in seiner isolierten Überhöhung pseudoreligiöse Funktionen, die sich besonders im Umfeld des Naturschutzes manifestieren. Man weiß so gut wie nichts über die Produktion von Existenzmitteln und will davon auch nichts wissen. Die Aufzucht von Tieren und Pflanzen wird bejaht, die daraus resultierenden Produkte werden genossen, die Produktion wird diffamiert. In einfacher Sprache: Schwein lieb – Schnitzel lecker – Schlachten böse.

Am Ende landen wir beim Nachhaltigkeits-Missverständnis: Ohne Verständnis für die Notwendigkeit von Naturnutzung kann man das Prinzip der Nachhaltigkeit – und Nachhaltigkeit ist ein Wirtschaftsprinzip – nicht begreifen. Die weitaus meisten Menschen ersetzen das Prinzip der Nachhaltigkeit durch eine alles überwölbende Naturschutz-Moral. Diese blockiert einerseits das Verständnis für eine nachhaltige Naturnutzung und öffnet andererseits manch absurden Auswüchsen die Tür. Das folgende Beispiel zeigt dies sehr plakativ – und ob Sie es glauben oder nicht, wir haben es live in einer Öko-Einrichtung erlebt:

> Seit einigen Jahren outen sich immer mehr Naturjünger als ökosexuell, also, sie befriedigen ihren Trieb an der Wiese, an Baum und Borke, an Pflanzen, Pilzen und Moosen. Verstehen Sie mich richtig, sie v… nicht in der Natur, sondern mit der Natur … hmmm … jetzt wäre noch zu fragen, ob die Natur das auch schön findet, ob sie gefragt wurde, ob sie die Möglichkeit hatte, Nein zu sagen … hmmm …

Die Bildung für nachhaltige Entwicklung und die Umweltbildung sind nicht in jedem Fall in guten Händen. Hier schlummert sehr viel Entwicklungspotenzial, das außerordentlich wichtige und spannende Thema BNE in einem aufgeklärten Diskurs Kindern, Jugendlichen und Erwachsenen nahezubringen, um aus freien Stücken verantwortungsvoll und angstfrei handelnde Menschen auszubilden.

6.2 Nachhaltigkeit braucht gebildete Menschen

Je dümmer der Mensch – dumm im Sinne von gering, unvollständig, kompetenzlastig ausgebildet – desto weniger kann dieser Mensch reflektieren, einordnen,

6 Bildung für Nachhaltigkeit

verknüpfen, über den Tellerrand blicken, Zusammenhänge erkennen, Schlussfolgerungen ziehen, eine Haltung entwickeln. Dieser Mensch nimmt vieles dann einfach hin, es ist halt so, es ist alternativlos. Das europäische Bildungssystem der letzten Jahrzehnte, die Verkürzung der Schulzeit, die Einführung des Bachelor sind ein Abschied vom Humboldt'schen Bildungsideal. Europa will Nützlinge, es will den homo oeconomicus, der kompetenzstarrend fraglos durch sein normiertes Leben stapft. Bildung braucht Zeit, Muße, Hinwendung, Vertiefung, Bildung braucht Irrwege und Wegweiser.

Bildung formt den Menschen. Der gebildete Mensch ist dann leider oftmals sperrig oder unbequem, er passt nicht wie eine auf Quader gezüchtete Paprika optimal in den Karton, der Mensch ist ökonomisch nicht optimal verwertbar und, ganz schlimm, dieser Mensch findet sein Glück jenseits des Konsums. Der Neoliberalismus hasst solche Menschen.

Das Kapital braucht dumme Menschen. Der Neoliberalismus liebt normierte Menschen. Gerade bei jungen Menschen ist das Risiko groß, eine gewisse Leere im eigenen Sein zu empfinden. Aus dieser Leere erwächst der natürliche Impuls, über die Eltern hinauswachsen zu wollen – die Welt nicht einfach so zu übernehmen, sondern sie besser zu machen. Praktisch veranlagte Menschen gehen dann auf Wanderschaft und lernen viel auf ihren Wegen, intellektuell veranlagte Menschen lesen viel und eignen sich die Gedankenwelt kluger Köpfe an. Natürlich begegnen ihnen auf ihren Reisen auch Spinner und Gefahren, doch mit der Zeit lernen junge Menschen all das einzuordnen, sie entwickeln Vertrauen zu sich selbst, sie entwickeln in der Auseinandersetzung mit der Welt ihre Persönlichkeit.

Dem im neoliberalen System eingepferchten und von seinen Eltern dauerbehüteten jungen Menschen – er soll ja nichts falsch machen und vor allem keine Zeit verlieren, der „War Of Talents" ist hart – begegnet diese Leere als dumpfes Gefühl der Sinnlosigkeit. Doch Leere gilt heute als ebenso inakzeptabel wie krank. Also weg mit der Leere und her mit dem Smartphone und dem Tablet, her mit der Fördertherapie und den Sprachkursen und der Nachhilfe.

Auch das moderne Bildungssystem als Diener des Neoliberalismus findet Abhilfe für die Leere. Es schafft eine normgerechte Haltung zur Welt. Wer sich innerhalb dieser bewegt, ist „safe", außerhalb ist es verdammt gefährlich.

> Der menschengemachte Klimawandel ist so ein Beispiel. Selbst wenn dieser wissenschaftlich eindeutig belegt ist, sollte ein junger Mensch unter Umständen eine „dumme" Frage hierzu stellen, wird er umstandslos zum „Klimawandelleugner". Man hätte jetzt genug geforscht, jetzt muss gehandelt werden. Was lernt der junge Mensch? Es gibt Dinge, die nicht hinterfragt werden dürfen, sonst ist man draußen vor der Tür. Der junge Mensch lernt auch, dass es in der Wissenschaft einen Punkt gibt, an dem man fertig hat – so, jetzt wisse man alles und wer fragt ist raus. Genau das ist Wissenschaft eben nicht, sie kennt kein Ende im Wissen und kein Ende im Wissen schaffen. So wird das Humboldt'sche Ideal verscharrt. Wer jungen Menschen keine Antworten auf ihre Fragen gibt, wer auf Fragen mit Schablonen, mit „Nazi", mit „Klimawandelleugner", mit „Rassist" antwortet, der errichtet eine Meinungsdiktatur. Den Schlussstein dieses Bildungssystems bildet die gendergerechte, klares Denken verunmöglichende Sprache und fertig ist die genormte Haltung zur Welt.

Das ist gut für den Neoliberalismus. Denn normierte Menschen stellen keine vermeintlich dummen und keine unbequemen Fragen, normierte Menschen stellen

6 Bildung für Nachhaltigkeit

überhaupt keine Fragen – das spart viel Zeit und Kosten. Sie sind autoritätshörig und lassen sich hervorragend führen beziehungsweise manipulieren. Das haben der Nationalsozialismus, der mittelalterliche Katholizismus, der Stalinismus, der Maoismus eindrücklich bewiesen.

In diesem Zusammenhang wäre der sich dem nachhaltigen Wirtschaften verpflichtete Mensch dem oben beschriebenen autoritätshörigen Menschen zum einen diametral entgegengesetzt, denn Nachhaltigkeit will den freien und selbstbestimmten Menschen. Zum anderen fänden wir dennoch viele Ähnlichkeiten mit totalitären Systemen, denn auch das nachhaltige Wirtschaften fordert eine nicht verhandelbare Haltung im Denken und Tun.

Mögliche Lösungen könnten sein, das nachhaltige Wirtschaften immer wieder zu erklären, zu argumentieren, Beweise zu liefern, aus der Vergangenheit zu lernen, Konsequenzen aufzuzeigen, hochzurechnen, Perspektiven aufzuzeigen – zum Beispiel die Perspektive eines Arbeiters in einem Sweatshop in Vietnam, zu extrapolieren, zu forschen, Fragen zu stellen, im Dialog zu bleiben, anders Denkende nicht mit Schablonen abzuspeisen und sie damit an Drei-Wort-Satz-Populisten oder Verschwörungsfasler zu verlieren.

Mögliche Lösungen könnten sein, wieder gute Bildung zu vermitteln; Mathematik, Physik, Chemie, Biologie, Erdkunde, Geschichte und bitte auch Deutsch und in all dem auch anspruchsvoll und fordernd zu sein. Natürlich hat auch jedes Dorf seinen Deppen, das war so, ist so und bleibt so, die müssen wir einfach gelassen aushalten ohne sie auszugrenzen.

Nachhaltiges Wirtschaften braucht den umfassend gebildeten Menschen, der sich aus frei gewonnener Einsicht dem Besseren zuwendet. Hier landen wir wieder bei der Utopie und bei der übermenschlichen Kraftanstrengung, sich ausschließlich des Großhirns zu bedienen.

6.3 Nachhaltigkeit in der Arbeitswelt

Millionen Existenzen in Deutschland sind durch die Corona-Krise bedroht, ich spreche vor allem von Kleinunternehmern, kleinen Familienbetrieben, Soloselbständigen, Freiberufler*innen und Künstler*innen, die viel und hart arbeiten. Deren Geschäftsmodell ist dermaßen auf Kante genäht, dass die Rücklagen nur für wenige Wochen reichen. Natürlich wird die Stimme der Kritiker laut – insbesondere von Menschen mit mehr als auskömmlichen mit öffentlichen Mitteln finanzierten Arbeitsplätzen, man möge doch bitte ein Geschäftsmodell verfolgen, das die Bildung von Rücklagen ermöglicht.

Die Wahrheit ist, es ist den Kleinen schlicht nicht möglich. Die Steuerlast und die Sozialabgaben sind dermaßen absurd hoch, dass das Geld gerade für den laufenden Betrieb reicht. Investitionen? Fehlanzeige! Rücklagen? Große Fehlanzeige! Altersvorsorge? Unbekannt! Altersarmut? Sehr wahrscheinlich! Unser ökonomisches System bestraft die Menschen, die persönlich ins Risiko gehen. Unser System bestraft eigenverantwortliches wirtschaftliches Handeln. Das ist nicht nachhaltig. Auch hier gilt Adorno: Es gibt kein richtiges Leben im Falschen.

6.4 Die Garantie für Unglück

Selbstverwirklichung ist eine großartige Erfindung der neoliberalen Wirtschaftsordnung, denn damit wirft sie den Menschen auf sich selbst zurück. Das Streben nach Verwirklichung des Selbst wird zur Lebensaufgabe und wer scheitert, ist selber schuld. Selbstverwirklichung als Ziel ist die Garantie zum Unglücklichsein, denn das Selbst entwickelt sich ausschließlich im Dienst am Anderen. Der

Andere meint Menschen, zum Beispiel Familie, Freunde, Nachbarn. Das Andere meint Fähigkeiten, zum Beispiel Brunnen bauen, Excel-Tabellen schreiben, Kuchen backen.

Der Dienst am Menschen macht glücklich. Das gilt nicht nur für Ärzte, Krankenschwestern und Polizisten (sofern das Betriebs-System funktioniert). Es gilt auch für Handwerker, Architekt*innen und Buchhalter. Immer dann, wenn sie anderen das Leben leichter machen, geht es ihnen besser. Der Dienst an der Sache macht glücklich. Das gilt nicht nur für Musiker, die ihre Fähigkeiten am Instrument ausbauen. Es gilt auch für Sportler*innen, Fotografen, Programmierer und Zahnmediziner. Immer dann, wenn sie im Tun besser werden und damit mehr Wirksamkeit erreichen, geht es ihnen besser.

Wirklichkeit entsteht durch Tun. Selbstverwirklichung ist die Folge unseres Handelns. Sie darf niemals Ziel unseres Handelns werden. Ohne Sinn gibt es keine Wirklichkeit und somit auch keine Verwirklichung. Den Sinn finden wir nur außerhalb unseres Selbst – im Anderen. Durch unser Tun entsteht Wirklichkeit, die auch unser Selbst umfasst. Denken wir Sinn als Transzendenz, also das Überschreiten des Selbst, so ist der Sinn immer größer als wir, gleich wie klein oder groß unser Tun – unser Beitrag – ist.

Den Sinn des Lebens entdecken wir nur außerhalb unseres Selbst. Das Starren auf mein Ich – mein Ego – ist der Beginn einer Abwärtsfahrt auf einer abgrundtiefen Endlosschleife, die zum Nichts führt. Salopp gesagt: das Selbst wird gerne überschätzt, so viel gibt es da nicht zu finden. Mögliche Lösungen sind: Fest im Leben stehen, anderen Menschen eine Freude sein, die eigenen praktischen Fähigkeiten verbessern.

Meine Empfehlungen für Arbeitgeber*innen: Schaffen Sie reibungsarme Systeme, in denen jede/r Mitarbeitende wirksam sein kann und den eigenen Anteil am Gesamtergebnis unmittelbar wahrnehmen kann. Unterstützen Sie

6 Bildung für Nachhaltigkeit

Ihre Mitarbeitenden darin, im Tun besser zu werden – und lassen Sie die Finger von Psychoquark jeder Art (Teambuilding, 360-Grad Feedback usw.)

Meine Empfehlungen insbesondere für junge Menschen: Werden Sie hellhörig, wenn Ihnen jemand Selbstverwirklichung verspricht – insbesondere, wenn dieses Versprechen zur Selbstverwirklichung kombiniert ist mit Weltrettungsanliegen (Klima, Natur, Gerechtigkeit). Meist sind diese Versprechen auch verbunden mit einer schlechten Entlohnung („Du tust es für die gute Sache"). Bestehen Sie auf einem guten Gehalt. Für dieses gute Gehalt arbeiten Sie hart, Sie widmen sich den Menschen (Kunden, Kollegen und der Chef sind auch Menschen) und Sie verbessern Ihre Fähigkeiten. Die Folgen sind Selbstverwirklichung und ein gutes Lebensgefühl. Versprochen!

6.5 Die große Joblüge

Früher war es einfach. Man lernte einen Beruf, diesen übte man aus, davon betrieb man Fürsorge und Vorsorge für seine Familie und gut war es. Glücklich schätzte sich, wer seine Berufung fand und diese mit seinem Beruf verbinden konnte. Doch Glück war nicht Teil des Arbeitsvertrages. Glück war Privatsache.

Beruf definiert sich als auf Dauer angelegte Tätigkeit, deren Bezahlung über die Befriedigung der materiellen Bedürfnisse hinaus soziale Teilhabe und ein Leben in Würde ermöglicht.

Sogar Bundeskanzler ist ein Job

Seit den 1980er-Jahren wurde aus dem Beruf der Job. Sogar unsere Bundeskanzlerin Angela Merkel hat nach eigenen Angaben einen tollen Job. Job definiert sich als zeitlich begrenzte, unqualifizierte Tätigkeit, die vorübergehend der Existenzsicherung dient. Das hat unsere Bundeskanzlerin sicher nicht gemeint.

Ganz im Zeitgeist verspricht der Job Selbstverwirklichung. Viele Menschen erwarten heute, Freude im Job zu empfinden. Und im Job kulminiert das Versprechen, dass man diesen nicht auf ewig ausüben muss, sich stets was Besseres suchen kann und nicht an den Arbeitgeber gebunden ist.

Tolle Gefühle als Bezahlung

Und genau hier beginnt der große Irrtum. Statt mit einem auf Dauer angelegten Arbeitsverhältnis und einer anständigen Bezahlung in Euro bezahlen Arbeitgeber mit Gefühlen und großen Versprechen: „Dich erwartet ein tolles Team, Du hast Spaß und Du kannst Dich selbst in Projekten verwirklichen". Das klingt toll, oder?

Zumindest für die Arbeitgeber – öffentliche ebenso wie private – ist es toll. Denn sie sparen sich einen Haufen Geld und gehen mit Zeitverträgen kein Risiko ein. Und wenn der Arbeitnehmer nicht glücklich ist? Selber schuld, dann performt er eben nicht optimal und sollte an sich arbeiten.

Die Abwärtsspirale der Entwürdigung
Zum Verständnis: wer einen Job verrichtet, gerät in den Abwärtsstrudel der Entwürdigung. In dem Maße, wie der Beruf und die Arbeit zum Job verzwergt werden, verzwergt man selbst. Man verliert seine Würde und damit sich selbst, ergibt sich fatalistisch dem Zeitgeist und lässt sich von Glücks-Surrogaten vollstopfen. Die Krönung dieses Wahnsinns ist das bedingungslose Grundeinkommen. Dann müssen Unternehmen gar keine Löhne und Gehälter mehr bezahlen. Denn der Staat zahlt das Gehalt.

Jobs sparen Kosten
Damit das klar ist: Jobs, Selbstverwirklichung, Freude an der Arbeit, Flexibilität und Ungebundenheit sind neoliberale Erfindungen, um Kosten zu sparen. Natürlich kann man sich empören über die Arbeitsbedingungen im Logistikgewerbe (zum Beispiel Paketzusteller), doch mindestens ebenso empörend sind häufig Arbeitsbedingungen in Bildungs- und Kultureinrichtungen, die – wenn überhaupt – schlecht bezahlte, befristete oder Teilzeitverträge anbieten oder gleich entwürdigende Honorarverträge, natürlich immer verbunden mit dem Versprechen, man würde in irgendeiner Art und Weise die Welt retten (z. B. die Natur, das Klima, die Kultur, die Armut, die Menschen).

Meine Empfehlungen für Arbeitgeber*innen
Finden Sie Arbeitnehmende, die eine solide Ausbildung genossen und abgeschlossen haben. Sagen Sie Ihren Arbeitnehmenden, worum es geht: harte Arbeit für das Unternehmen, damit es allen im Betrieb gut geht und anständige Gehälter bezahlt werden können. Weisen Sie darauf hin, dass im Arbeitsvertrag kein Glücksversprechen enthalten ist. Glück ist Privatsache. Berücksichtigen Sie die Natur Ihrer Arbeitnehmenden. Es gibt ebenso hochproduktive Eigenbrötler wie hochproduktive Gemeinschaftstiere. Zwängen Sie keinen in ein starres Korsett, z. B. in Teams. Bieten Sie Arbeitsverträge auf Dauer an und realistische Entwicklungsmöglichkeiten.

Meine Empfehlungen insbesondere für junge Menschen
Wählen Sie eine Ausbildung, die Ihnen leichtfällt. Vergessen Sie Freude oder Weltrettungsmotive jeder Art als Motiv für Ihre Berufswahl. Die Freude stellt sich automatisch mit dem Erfolg im Beruf ein. Und erfolgreich werden Sie sein, wenn Ihnen eine Aufgabe leichtfällt. Bestehen Sie auf einer anständigen Bezahlung, und zwar vom ersten Tag an. Das Einzige, was am Ende des Tages zählt, ist das Geld für ein anständiges Leben. Seien Sie bereit, hart zu arbeiten – gleich, ob als Arbeitnehmer oder als Freiberuflerin.

Finden Sie Ihr Glück im Privaten, zum Beispiel in der Familie. Sie ist der einzige Platz, an dem Sie grundlos und umfassend geliebt werden. Und bitte: Hüten Sie sich vor Weltrettungsversprechen, retten Sie ihre eigene Haut und die Ihrer Familie. Sie werden es merken – das ist der Sinn des Lebens.

6.6 Der Fluch der Pädagogik

Der Neoliberalismus ist im Kern die Ideologie der Flexibilisierung. Denn wenn jede Bindung, jeder Mensch und alle Dinge jederzeit in Windeseile aufgelöst werden und neu kombiniert werden können, ist das für die Wirtschaft optimal. So entstand die Just-in-Time Lieferung mit der Autobahn als Zwischenlager, so entstanden Zeitarbeitsverträge, so entstand auch die Sucht nach der Immer-Alles-Sofort-Verfügbarkeit à la Amazon etc.

Natürlich müsste man begleitend zur Flexibilisierung die technischen Systeme anpassen: den Güterverkehr auf die Schiene oder auf die Flüsse und Kanäle bringen, den öffentlichen Nahverkehr ausbauen, Arbeit und Wohnen wieder näher zusammenbringen, die digitale Infrastruktur ausbauen, um analoge Prozesse digital zu lösen. Sie merken es schon: Das wären nebenbei gesagt auch sehr wirksame und handfeste Maßnahmen, um die Treibhausemmissionen signifikant zu reduzieren. Doch das kostet Geld.

Ebenso kostet es Geld und Hirn, die Systeme in Behörden, Institutionen und Betrieben gleichzeitig flexibel und robust zu gestalten, um menschenwürdige Arbeitsbedingungen zu schaffen.

Menschen manipulieren spart Geld

Wesentlich günstiger ist es, stattdessen am Menschen 'rumzufummeln. Der Mitarbeiter soll seine familiären Bindungen zu Gunsten einer ortsungebundenen Verfügbarkeit auflösen, er soll an sich arbeiten, bestenfalls lebenslang lernen (was für eine schreckliche Drohung), er soll teamfähig und kritikfähig sein (360-Grad-Feedback vernichtet Selbstachtung und Würde), er soll an seiner Performance arbeiten und sich professionellen Coachings ergeben, die geschickt fragend jedes Problem an den Mitarbeiter redelegieren. „Wenn Du ein Problem hast, dann ist das Dein Problem."

Diese Manipulationsmaschinerie wird oft mitbefeuert von dem überbordenden Berufsstand der Erzieher*innen und Pädagog*innen, die ebenfalls Teil des Systems sind bzw. es mittragen müssen und ihre Arbeitshinhalte selbst mit Stichworten beschreiben wie Selbstermächtigung, Resilienz, der Stärke schwacher Bindungen, die von Patchwork-Biografien und Living-apart-together-Lebensmodellen faseln, über Work-Life-Balance und Quality Time schwadronieren und alles über Kinder wissen (gerade, wenn sie keine Kinder haben) und dass Kinder stärker werden, wenn sie früh Verlusterfahrungen machen, zum Beispiel die arbeitenden Eltern vermissen und hin- und hergeschubst werden zwischen Kita und Tagesmutter und dort betreut werden von pädagogisch geschultem Personal mit Liebesersatz-Dienstleistungen.

So agierende Pädagog*innen werden zu Erfüllungsgehilfen des Neoliberalismus, der entwurzelte, verunsicherte und vereinzelte Menschen braucht. Denn diese Menschen haben keinen Zugang mehr zu sich selbst, sie wissen nicht, was ihnen gut tut und was nicht. Diese Menschen werden leicht manipulierbar für Ideologien aller Art.

Wer seine Instinkte negiert, findet Anerkennung
Und die Mitarbeiter*innen? Sie ergeben sich zwischen Verwirrung und Ratlosigkeit leise seufzend den Heilsversprechen der modernen Welt. Das instinktiv schlechte Gewissen wird kognitiv überlagert. „Das sind ja schließlich Profis und so viele Möglichkeiten – z. B. Chinesisch in der Kita – können wir unseren Kindern nicht bieten". Das Resultat? Die Eltern können mental und emotional sediert ihre Zeit für die Arbeit im Betrieb aufwenden, sie erhalten neben Geld auch gesellschaftliche Anerkennung und die Kindererziehung ist outgesourct.

Da fällt mir noch eine Geschichte ein. Früher, als unsere Jungs noch klein waren, radelten wir sommers durch den Olympiapark und gelangten zum Radstadion – mittlerweile abgerissen. An der Halle angekommen landeten wir in einem Mordsgewusel von Kindern, die hinein ins Mini München drängten. Mini München ist eine Veranstaltung der Stadt München, in der berufstätige Eltern während der Sommerferien ihre Kinder abgeben können und die Kinder spielen dort eben Mini München. Gleich nach dem Einlass tritt man auf das Arbeitsamt zu, die Kinder reihen sich in die lange Schlange und dann dürfen sie sich einen Beruf aussuchen, dem sie dann in der Halle nachgehen. Für ihre Arbeit erhalten Sie Entgelt – die Währung heißt MiMüs, mit denen man dann so einiges anfangen kann. Natürlich wird auch gewählt und es gibt Ämter für dies und das, es ist eben eine Stadt im Kleinen. Eltern haben da eher nix verloren, unsere Jungs hatten Spaß an der Entdeckungsreise und so verabredeten wir uns für den Abend. Die Schilderungen unserer Jungs waren etwas ernüchternd. Nach einigen Stunden Arbeit wurde beiden fad und sie fragten, ob man sich denn hier auch selbständig machen könne – als Gitarrenlehrer oder als Handwerker zum Beispiel. Wissen Sie was? Die von Pädagog*innen ersonnene Welt sah die Selbständigkeit als Lebensentwurf, als Mitmachmöglichkeit in der Gemeinschaft nicht vor. Aus der Perspektive der Pädagog*innen ist das verständlich, aus der Perspektive zweier Freiberufler eher ärmlich.

Die perfekte Mitarbeiterin ist flexibel und verfügbar und damit ein reibungslos funktionierender Baustein, der je nach Lage der Dinge flugs verschoben werden kann. Tja, und wenn die Mitarbeiterin damit unglücklich ist? Das ist ihr Problem (siehe oben), doch psychologisch geschulte Coaches und Mediatoren sollen ihr helfen, an sich zu arbeiten, um damit fertig zu werden. Ja, das ist bitter, doch wo ist der Ausweg?

Meine Empfehlungen für Arbeitgeber*innen: Beenden Sie den neoliberalen pädagogischen Manipulationswahnsinn. Sofort. Bringen Sie die klügsten Köpfe Ihres Unternehmens zusammen, um menschenfreundliche Systeme zu schaffen. Es macht keinen Sinn, an den Menschen rumzufummeln. Nicht die Menschen sind schlecht (zumindest die meisten), sondern schlechte Systeme begünstigen schlechtes Verhalten.

Meine Empfehlungen insbesondere für junge Menschen: Achten Sie auf Ihr Gefühl. Was ist Ihnen wirklich wichtig? Wofür lohnt es sich, sich richtig ins Zeug zu legen? Wo sind Ihre Kraftquellen? Werden Sie hellhörig, wenn Ihnen abstrakte Versprechen gemacht werden. Hüten Sie sich vor professionellen Methoden, die Ihnen Glück versprechen. Weisen Sie Ratgeber zurück, die Ihnen ungefragt in Ihren Lebensentwurf reinquatschen.

Sehen Sie sich genau die Vita Ihres Ratgebers an. Entscheidend ist nicht, was jemand sagt. Entscheidend ist, wie er oder sie lebt. Und dann entscheiden Sie, ob Sie diesen Rat annehmen wollen. Und weisen Sie entschieden übergriffige Kritik zurück, die Ihre Probleme mit der Welt (mit Ihrem Betrieb) in ein Problem Ihrer falschen Einstellung verwandeln.

„Es gibt kein richtiges Leben im falschen."
Theodor W. Adorno

» **Das gilt auch für falsche nationalökonomische Systeme und falsche betriebliche Systeme**

7

Nachhaltigkeit braucht Grenzen

Jedes gesunde System braucht Grenzen. Dieser Satz wird Sie vermutlich mindestens irritieren; es folgt ein Beispiel aus der klassischen Betriebswirtschaftslehre. Jedes gesunde Unternehmen verfügt über Systemgrenzen. Alle Mitarbeiter*innen gehören zum System, andere Menschen nicht, sie gehören zu anderen Systemen. Innerhalb des Systems Unternehmen wirken zwei Grundprinzipien. Die Menschen arbeiten arbeitsteilig. Die Menschen arbeiten miteinander. Ein gutes Unternehmen wird sich innerhalb seines Systems keinen Wettbewerb machen, das wäre Unsinn.

Doch der Neoliberalismus trägt sein Gift des Wettbewerbs seit vielen Jahrzehnten bis in die Unternehmen hinein. Die Arbeitsteilung wird international, Arbeit wird outgesourct – wer kann wo was noch billiger herstellen? – Jede Abteilung steht im Wettbewerb des Weltmarktes und gleichzeitig im Wettbewerb mit anderen Abteilungen. Das

Controlling misst den unmittelbaren Erfolgsbeitrag jeder Abteilung und jedes Mitarbeiters.

Einen frühen Höhenflug startete ein großer deutscher Automobilhersteller mit der Konzernstrategie des „Kannibalismus". Die Doktrin lautet: Da draußen gibt es Wettbewerb, also machen wir uns den selber, jede Marke tritt gegeneinander an. Wir kannibalisieren uns selbst. Das Ergebnis ist ein hyperaggressiver, seine Kunden und Kundinnen seit dem Jahr 2000 mit ihrer Abgas-Schummelsoftware betrügender Konzern. Diese Schummelsoftware ist aus meiner Sicht ein Notwehrakt kluger Ingenieure, die dem Druck des Managements und ihrer Vorgaben nicht mehr Stand halten konnten. Mir klingt der Satz von manchem Schlitzohr und eines Möchtegern-Waffenhändlers aus früheren Tagen in den Ohren „Wenn ich es nicht mache, macht es ein anderer." Der Gedanke von der Aufhebung der Systemgrenzen hat den Automobilhersteller kulturell zerstört. Das Ergebnis sind dauerhaft verbranntes Kundenvertrauen, kaum verkaufbare Ware, exorbitante Strafen – zumindest in den USA – und 20 Jahre vertane Zeit für echte Innovationen.

Zurück zu den Systemgrenzen. Jeder Baum hat seine Grenze, seine Rinde schützt sein Innenleben, bei Tieren definiert oftmals das Fell seine Grenze, bei Menschen ist es die Haut. Auch bei Organismen gilt: Die Zellen und Organe funktionieren arbeitsteilig, der Organismus arbeitet im Miteinander. Wären die Systemgrenzen in Organismen vollständig offen, dann würden diese Systeme in kürzester Zeit kollabieren. Der Austausch mit der Umwelt findet umgangssprachlich gesagt selektiv und kontrolliert statt. Die Öffnung der Grenzen verfolgt stets einen Sinn, zum Beispiel den der Nahrungsaufnahme. In Unternehmen wäre das die Anlieferung von Waren. Auch eine Familie kann man als System begreifen. Ein System ist eine arbeitsteilige Organisation, in dem die Teile wohltätig für das Ganze zusammenwirken.

Als sich das Corona-Virus von China aus über die Welt ausbreitete und Hot-Spots die Verbreitung beschleunigten, waren flugs die Grenzen zu - zwischen Ländern und Regionen, zwischen Dörfern und Städten. Es ging um eine rasche und wirksame Entschleunigung der Reproduktionsrate (wir sind ja inzwischen alle Statistikprofis). Wären diese Maßnahmen nicht erfolgt, dann wäre Anfang Mai 2020 nahezu die gesamte Menschheit infiziert gewesen mit allen katastrophalen Konsequenzen und unendlichem Leid. Erinnern Sie sich an die Militärlaster mit den Leichensäcken in Italien und die randvoll mit Leichen beladenen Kühltransporter in den USA? Diese Bilder waren grauenvoll.

Vermutlich wirkt eine unkontrollierte Öffnung der Systemgrenzen in Unternehmen ebenso verheerend wie auf Organismen sowie auf das System Nation. Es war spannend zu beobachten, wie der Umgang mit dem Corona-Virus kulturspezifisch erfolgte. Für die Amerikaner und die Franzosen ist es ein Krieg, für die Schweden eine Frage des Gemeinsinns, manche Staaten reagierten autoritär, manche eher lässig, manche aus unserer deutschen Sicht fahrlässig und manche übervorsichtig. Wer am Ende die beste Strategie hatte, das wissen wir, wenn die Datenmengen in ein paar Jahren ausgewertet wurden.

Dialektisch spannend wird die Systemfrage im Zusammenhang von Regionen und Nationen – Verbünden mit einer spezifischen Identität – im Zusammenhang mit der Zuwanderung. Wer darf kommen? Dürfen alle kommen? Welche Spielregeln werden vereinbart? Wie kann die Integration gelingen, so dass das System stabil bleibt und prosperiert?

In meiner Grundschulzeit in München war das Sprechen der bayerischen Mundart nicht verboten, aber es wurde bestraft. Im Zeugnis gab es im Fach Deutsch automatisch eine Note schlechter, das ist kein Spaß. Man wollte die neue Generation mit Hochdeutsch erziehen. Heute, 50 Jahr später, versucht man in Bayern zu retten, was noch da ist am Kulturgut Dialekt. Das ist schon lustig, wie sich der Referenzrahmen für das Schützenswerte verschoben hat.

Framing

Zum Schluss dieses Kapitels noch eine Anmerkung zum Framing: Das heiße Eisen Klimawandel wird auf das Trefflichste sprachlich emotionalisiert und normiert, damit sich jeder, der Teil dieser Gruppe sein will, mit wenigen Worten positionieren kann. Bei der Klimaerwärmung sprechen Forscher von internationalem Rang davon, dass die Erde Fieber hätte und zwei Grad Erwärmung eine Katastrophe seien, schließlich würde der Mensch bei zwei Grad höherer Körpertemperatur unter hohem Fieber leiden mit dem Risiko, dass die Eiweißmoleküle in seinem Körper auseinanderfallen. Dieser Vergleich von Äpfeln mit Birnen ist natürlich ein Schmarrn, aber medial hochwirksam.

Die Church of Global Warming (kleiner Sarkasmus) spricht auch von Klimasündern (religiöses Framing) und von Klimawandel-Leugnern (Nazi-Framing). Wer solche Worte für die Erklärung von wissenschaftlichen Sachverhalten nutzt, der verspielt dringend notwendiges Vertrauen. Nun denn, den Prinzipien des Framing folgend gestattete ich mir auch den Vergleich von Rinde, Fell und

Haut als Systemgrenzen von Organismen und übertrage dieses Bild auf Unternehmen und Nationen.

7.1 Sofortmaßnahmen für mehr Nachhaltigkeit

Übersicht

Wer konkret wird, wird angreifbar, das ist mir klar. Doch das bin ich mir schuldig, Ihnen zumindest eine erste Skizze von Sofortmaßnahmen – die alle umstandslos sofort umsetzbar wären – zu präsentieren, um schnell und wirksam auf den Weg des nachhaltigen Wirtschaftens zu kommen. Sie werden merken: es betrifft wirklich jeden von uns und vieles wird für viele Menschen unbequemer und teurer. Also, Rüstung anziehen, Visier aufklappen und mit starkem Arm und Schwert hinein in das Gefecht.

Mobilität

- Sofortiges Ende des LKW-Fernverkehrs, alle Güter müssen auf die Bahn oder auf das Binnenschiff. Ein LKW-Fahrer fährt 20 t Fracht, ein Lokomotivführer fährt 3000 t Fracht.
- Kostenfreier öffentlicher Personenverkehr mit Bahn, Bus, Tram für jedermann für nah und fern.
- Autobahn-Maut, kostenpflichtiges Einfahren in Städte, Tempolimit 130, 80, 30 – Autobahn, Landstraße, Stadt. Konsequente Parkraumbewirtschaftung. Niemand stellt sein Auto kostenfrei im öffentlichen Raum ab. Privatparkplatz-Pflicht für jeden Autohalter in einer Stadt beziehungsweise Anwohner-Parken im öffentlichen Raum gegen Gebühr.
- Flächendeckendes, vernetztes und gefahrenarmes Radwegenetz in den Städten.
- Ende mit dem Kurzstrecken-Flugverkehr. Kein Mensch muss mit dem Flugzeug von München nach Düsseldorf, das ist Irrsinn.

Infrastruktur

- Sofortige Instandsetzung des gesamten Schienennetzes und Investitionen in Zugmaterial, das zuverlässig funktioniert. Prozessgeschwindigkeit statt Spitzengeschwindigkeit.
- Sofortige Instandsetzung aller Wasserstraßen und Schleusen. Die Fracht muss aufs Schiff und auf die Bahn und runter von der Straße.
- Schnelles Internet an jeder Milchkanne – ohne Wenn und Aber und zwar sofort und das Ganze aus Bundesmitteln und sehr bezahlbar für jeden.

7 Nachhaltigkeit braucht Grenzen

Steuern

- Massive Steuersenkungen für Freiberufler und den Mittelstand mit Sitz in Deutschland – die Leistungsträger werden finanziell erwürgt, Investitionen und Innovationen weichen dem Streben nach Effizienz. Viele arbeiten immer schneller und billiger statt immer werthaltiger und langlebiger.
- Abschaffung der Kirchensteuer und jeder Art von übergeordneter Finanzierung. Glaube ist Privatsache. Religion ist tolerierbar, wenn sie die Überzeugungen anderer Religionen achtet, respektiert, Frieden predigt und hält. Der finanzielle Unterhalt des Kirchenpersonals und des Equipments ist Aufgabe der jeweiligen Gemeinde.
- Massive Steuererhöhungen für alle Unternehmen, deren Hauptsitz oder deren Tochtergesellschaften in einer Steueroase liegen und deren Leistungen vornehmlich außerhalb der Steueroase verkauft werden.
- Massive Steuererhöhungen für Finanzgeschäfte aller Art und an die Einkommensteuer angepasste Besteuerung von Kapitalerträgen.

Subventionen

- Abschaffung der Pendlerpauschale – Wohnen ist Privatsache. Wer auf dem Land wohnen und in der Stadt arbeiten möchte, der bezahlt dafür. Wer sein Unternehmen unerreichbar weit weg betreibt, ist für die Zubringung und den Wohnraum seiner Mitarbeiter*innen verantwortlich.
- Abschaffung aller Subventionen und Fördermittel für Projekte und Institutionen, deren Geschäftsmodelle sich dauerhaft nicht selber tragen. Nachhaltig wirtschaften bedeutet auch, keine Schulden zu machen und, wenn es unvermeidlich ist, zum Beispiel für Investitionen in bessere Lösungen, dann müssen diese Schulden zurückbezahlt werden.

Finanzen

- Das Geld muss wieder dem Menschen dienen, nicht umgekehrt. Sofortige Abschaffung jeder Art von Warentermingeschäften, von Finanzspekulationen, von Wetten auf Kursentwicklungen und all dem, was nicht unmittelbar dem Tausch Geld gegen Ware oder Dienstleistung dient.
- Abschaffung des Euro – der Euro vernichtet die ökonomische Lebensgrundlage von Spanien, Italien, Portugal, Griechenland und vermutlich auch von Frankreich. Die Einführung nationaler Währungen ermöglicht wesentlich fairere Beziehungen auf der Grundlage unterschiedlicher ökonomischer nationaler Bedingungslagen.

Gesellschaft

- Klare Spielregeln für die Einwanderung (Sprache, Grundgesetz, Berufsausbildung). Anwendung des Asylrechts im ursprünglichen Sinne. Schutz für Kriegsflüchtlinge im Sinne der UN: Gefahrfreie Unterbringung im Nachbarland, vollumfängliche Finanzierung (Unterbringung, Gesundheit, Schule, Ausbildung). Wirtschafts- und Klimaflüchtlinge gerne, wenn sie die Landessprache beherrschen, das Grundgesetz achten und über eine Berufsausbildung verfügen.
- Kindererziehung ist Privatsache. Bildung ist eine Gemeinschaftsaufgabe. Eltern haben die Pflicht, ihre Kinder zu erziehen. Der Staat hat die Pflicht, Kinder in Schulen zu bilden.
- Privatisierung aller Kitas. Kleinkinder gehören in ein behütetes Zuhause, in dem sie Vertrauen, Geborgenheit, Beständigkeit und Liebe erfahren. Wir sollten die frühkindlichen Traumata beenden, mit einem Gefühl des täglichen Abgeschoben-Werdens aufzuwachsen. Wir sollten die Kleinkinder aus den Fängen der Liebesersatzdienstleister befreien. Wer sich dennoch für eine Kita entscheidet, bezahlt diese vollständig aus eigener Tasche, denn Erziehung ist Privatsache.

Bildung

- Eine Schule, die ihren Namen wieder verdient, in der Kinder entsprechend ihrer Fähigkeiten und Talente gefordert und gefördert werden. Gleichgewichtige Ausbildung mit anerkannten Abgangszeugnissen in der Hauptschule (praktische Befähigung), Realschule (organisatorisch-planerische Befähigung) und Gymnasium (wissenschaftliche Befähigung) mit entsprechender Durchlässigkeit in alle Richtungen.
- Die Fächer Werken, Hauswirtschaft, Kaufmännisches Rechnen, Sport, Musik und Kunst sind Pflichtfächer im Bildungskanon von der ersten bis zur siebten Klasse.
- Kein Kind bleibt zurück: Konsequente Durchsetzung der Bildung für jedes Kind, kein Pardon für bildungsferne Eltern.
- Bildung ist Pflicht. Deshalb übernimmt die Gemeinschaft der Steuerzahler – gemeinhin Staat genannt, wenn es um Geld geht – die Kosten für Bildung, Ausbildung, Fortbildung und Weiterbildung, von der Grundschule bis zum Studienabschluss, vom Computerkurs bis zur Meisterschule.

Landwirtschaft

- Umstandsloses Ende der Massentierhaltung, Ende der Tierexporte ins Ausland, gleich, ob lebend oder tot, gleich, ob zur „Veredelung" oder für den Verzehr. Das Tier bleibt hier!

Wirtschaft

- Stärkung der Binnennachfrage durch gezielte Investitionen. Entlastung der heimischen Industrie in dem Maße, wie sie in die Herstellungstiefe investiert, Belastung der heimischen Industrie in dem Maße, wie sie Produktionsmittel importiert.
- Importzölle auf alle Güter in Höhe ihres entgangenen Wertschöpfungsäquivalents im Importland. Der Import von Biogurken aus Ägypten umfasst neben dem Einfuhrpreis die entgangene Wertschöpfung in Deutschland – von der Aussaat bis zur Ernte, vom Lohn bis zum Waren- und Betriebsmitteleinsatz.

- Finger weg von den Rohstoffen anderer Länder. Schluss mit der Ausbeutung. Wenn schon Importe, dann zu fairen Preisen. Wenn schon Exporte, dann keine, die ein anderes Land selber besser kann. Kein Mensch in Afrika braucht deutsche Hähnchenteile und Plastiklatschen aus China. Kein Mensch braucht Tomaten aus Spanien, die von illegalen und in Slums lebenden Afrikaner*innen geerntet werden.
- Einpreisung der externalisierten Kosten in jedes Produkt und in jede Dienstleistung (Kompensation von Billiglöhnen round about the world, Umweltkosten der Materialgewinnung, -verarbeitung und -transport, Energiekosten, Entsorgungskosten, Kosten für die Regeneration) und dann wird sich zeigen, ob der Flug nach Neapel noch für 30,- EUR angeboten werden kann und ob die sattsam bekannten Lebensmitteldiscounter immer noch so billig anbieten können.

Politik

- Abschaffung der Entwicklungshilfe. Die Entwicklungshilfe dient dem Aufrechterhalten kranker und lebensfeindlicher Strukturen. Entwicklungshilfe ist praktizierter Imperialismus. Entwicklungshilfe ist allzu oft ein Geschäftsmodell unterentwickelter Länder geworden, sie dient der herrschenden Elite für deren Machterhalt. Entwicklungshilfe zerstört die Selbstheilungskräfte von Gemeinschaften. Lasst allen Menschen und Kulturen ihre Art, nicht alles muss in Staaten organisiert werden und nicht jeder muss so leben wie wir.
- Abschaffung des Eigentums für knappe und lebensnotwendige Güter, auf die alle Menschen zwingend angewiesen sind, zum Beispiel Grund und Boden. Grund und Boden gibt es nur noch im Erbpachtrecht.
- Ende der sinnfreien Bundeswehreinsätze rund um die Welt und Rückkehr zum im Grundgesetz verankerten Auftrag. Die Bundeswehr dient der Landesverteidigung. Nachzulesen im Grundgesetz, Art. 87a (1) und (2). Mein Gewissen ist vor etlichen Jahrzehnten staatlich geprüft worden und da bin ich mir treu geblieben – ich bin überzeugter Pazifist. Gerade deshalb muss man – sofern

man eine Bundeswehr unterhält – die dort dienenden Soldat*innen mit dem bestmöglichen Material ausstatten. Das ist unsere Verantwortung, einfach um unseren Soldat*innen den maximal möglichen Schutz zu geben. Es sind die Soldat*innen, die im Zweifel ihren Kopf hinhalten. Auch der überzeugte Pazifist erkennt: Solange da draußen böse Buben drohen und dräuen, brauchen wir eine intakte und einsatzbereite Landesverteidigung.
- Schluss mit länderübergreifendem Waffenhandel jeder Art. Wenn ein Land – zum Beispiel Amerika, Saudi-Arabien oder Deutschland – Waffen liebt, dann sollen die ihre Wummen bitte für den Eigengebrauch selber herstellen. Besser wäre es natürlich, es gäbe weltweit keine Waffenproduktion mehr und noch besser wäre es, alle Waffen würden zu Pflugscharen, doch das ist ein Traum.
- Abschaffung von Grundsicherungsleistungen für arbeitsfähige Menschen. Menschen zwischen 25 und 65 Jahren, die Grundsicherung beantragen, müssen ein amtsärztliches Attest vorlegen, die ihre Arbeitsunfähigkeit belegt. Es gibt nicht nur Bürgerrechte, es gibt auch Bürgerpflichten, zum Beispiel die Pflicht, für sich selbst zu sorgen.

Gesundheit

- Herausnahme der Gesundheitsdienstleister – vom Hausarzt bis zur Herzklinik – aus dem ökonomischen Verwertungsdruck. Medizinisch notwendige und sinnvolle Maßnahmen sind Leistungen der Solidargemeinschaft, auf die sich jeder verlassen kann.
- Herausnahme von jeder Art Firlefanz aus dem Gesundheitssystem. Wer gerne Zuckerkügelchen lutscht, darf das auch, aber bitte nicht auf Kosten der Solidargemeinschaft.

Medien

- Verbot von sozialen Medien, allen voran Facebook und Twitter. Facebook und Co. sind soziale Atombomben. Sie vergiften das Miteinander, sie befördern die Spaltung der Gesellschaft, sie atomisieren den Zusammenhalt. Alle klugen Untersuchungen zu den Wirkungen von digitalen sozialen Medien, mit denen man die Masse erreichen kann, zeigen eindeutig, dass der soziale Zusammenhalt geringer wird, die Menschen sich in ihre Filterblase eingraben, unzugänglich für andere Perspektiven und Argumente werden und vor allem unzugänglich für Mäßigung, Ausgleich und Kompromisse werden, sich immer mehr in noch kleinere Gruppen aufspalten, immer mehr verunsichert werden, depressiv werden, sich immer mehr polarisieren. Wer von seiner Meinung überzeugt ist („das Spaghetti-Monster hat die Welt erschaffen"), wird durch gegenteilige Aussagen in sozialen Medien in seiner Meinung bestärkt. In der Konsequenz werden die Menschen, die sich häufig in sozialen Medien aufhalten, manipulierbar. Verträgt sich ein Verbot von Facebook und Twitter mit einer offenen Gesellschaft? Meines Erachtens ja, Heroin ist aus gutem Grund verboten, es zerstört den Menschen und nicht selten sein soziales Umfeld. Soziale Medien zerstören das offene Miteinander und damit die Gemeinschaft.

- Durchsetzung der Klarnamenpflicht. Wer sich öffentlich äußert – und das Internet ist ein öffentlicher Ort – der muss Ross und Reiter nennen. Jeder Mensch, der seine Meinung öffentlich dokumentiert, zum Beispiel auf einer eigenen Website, ist den Werten des Grundgesetzes ebenso verpflichtet wie den Regeln für guten Journalismus.

7.2 Sieben mögliche Post-Corona Gesellschaften

Im Winter 2021 mitten in der zweiten Corona-Welle und in Erwartung einer dritten und womöglich vierten Welle und angesichts der Virus-Mutationen aus Großbritannien, Südamerika und Südafrika verdichtet sich die Erkenntnis, dass unsere Welt nach Corona eine andere sein wird.

7 Nachhaltigkeit braucht Grenzen

Die Pandemie ist ein epochales Ereignis und sie hat das Zeug dazu, die Welt grundstürzend zu verändern. Klar, die einen wollen zurück ins alte Gleis, die anderen wollen alles neu gestalten, jedes Grüppchen kocht sein Süppchen und alle wollen das Beste für ihre Zukunft.

Doch so einfach ist das nicht mit der Zukunft. Zum einen sind wir alle gefangen in der normativen Kraft des Faktischen – alles was wir tun, verstärkt die Wahrscheinlichkeit auf dessen Wiederholung. Zum anderen zeichnet sich eine Bifurkation ab – die Umstände erzwingen eine qualitative Zustandsänderung in unserem System.

Unser System funktioniert wie jedes organische System nichtlinear. Über exponentielle Verläufe haben wir ja im letzten Jahr eine Menge gelernt: Aus 1 werden 10 werden 100 werden 1000 und so weiter. Am Anfang ist die Veränderung kaum wahrnehmbar, doch dann geht es rasend schnell. Ein möglicher exponentieller Verlauf kann in ein völlig neues Gleichgewicht münden – es wird vorstellbar, dass unsere Welt im Jahr 2025 eine völlig andere sein wird.

Das Faszinierende an organischen Systemen ist ja, dass sie immer nach Balance streben und innerhalb der Balance nach Wachstum und Vielfalt. Wird das Wachstum durch externe Faktoren gestört, kann das System schlagartig kollabieren – aus diesem Chaos entsteht wieder etwas Neues.

Mit jedem Tag, in dem sich das Corona-Virus tiefer in unsere Welt hineinarbeitet, nimmt die Wahrscheinlichkeit zu, dass die Pandemie noch länger dauern wird – das Wettrennen zwischen Virus-Mutationen und geeigneten Impfstoffen ist noch nicht entschieden. Denn schlussendlich entscheidet sich das Wettrennen nicht mit dem Impfstoff, sondern mit dem zügigen und vollständigen Impfen der „Herde".

Jetzt kommen wir Menschen ins Spiel und die Gestaltung unserer Zukunft. Eines sehen wir bereits klar: Unsere Welt wird digitaler werden und hier passiert schon viel in Deutschland. Doch darüber hinaus wird es schon neblig. Unsere Zukunft hängt entscheidend davon ab, ob wir unsere Welt gestalten wollen und wie wir sie gestalten wollen. Für die Gestaltung unserer Welt brauchen wir dreierlei:

- Zum ersten sind da unsere Fähigkeiten zum Gestalten – unser handwerklichen Fähigkeiten. In Stichworten: aufgeben, restaurieren, verteidigen, schützen, gestalten, verändern. Ja, auch das Aufgeben ist eine handwerkliche Fähigkeit beziehungsweise die Negation einer Fähigkeit, doch am Anfang liegt immer die Entscheidung, was ich unternehme. Das Aufgeben – das Nicht-Gestalten – ist auch eine Form der Gestaltung, denn es führt zum Gestaltet-Werden.
- Zum zweiten ist da unser Willen zum Gestalten – unsere mentale Verfassung. In Stichworten: resigniert – mutlos – pessimistisch – passiv – ängstlich – vorsichtig – kontrolliert – trotzig – unruhig – aggressiv – mutig – neugierig – zuversichtlich – optimistisch – tatenfroh – aktiv. Ja, ich kann auch mutlos gestalten, das wird dann halt nix, doch ich kann auch tatenfroh an die Gestaltung herangehen. Es ist meine Entscheidung.
- Und zum dritten ist da unsere Vorstellungskraft – unsere Fähigkeit zur Imagination. In Stichworten: kopieren – anpassen – verbessern – optimieren – kombinieren – transformieren – erfinden. Verfügen wir über keine Vorstellungskraft, dann werden wir die Vergangenheit kopieren oder vielleicht ein bisschen optimieren, verfügen wir über die Kraft (die Gabe?, den Mut?) der Imagination, dann können wir die Welt neu erfinden.

7 Nachhaltigkeit braucht Grenzen

Innerhalb des Koordinatensystems <Handwerkliche Fähigkeiten>, <Mentale Verfassung> und <Vorstellungskraft> findet die Zukunft statt, die wir gestalten. Für die Schaffung einer nachhaltig agierenden Gesellschaft benötigen wir – Sie ahnen es – herausragende handwerkliche Fähigkeiten, einen starken, unbeugsamen Willen, der auch in schwierigen Phasen den Kurs hält, und insbesondere benötigen wir eine Vorstellungskraft, die über das bereits Gedachte weit hinausgeht und den Mut hat, etwas völlig Neues zu denken.

Das Problem des Neu-Denkens ist ja immer, dass man versucht ist, dieses Neue und seine Chancen und Risiken mit alten Werkzeugen und Methoden zu bearbeiten, zu messen und zu bewerten. Und die alten Methoden liefern natürlich alte Antworten: „Das Neue kann unter den Prämissen des Alten nicht funktionieren, also lassen wir es."

Wer kann das Neue denken? Wer kann das Neue rechnen? Nun ja, das sind Sie – ja Du, liebe Leserin und lieber Leser. Wer denn sonst, bitte? Ich bin ja ein Freund der Selbstermächtigung und jetzt gebe ich Ihnen zwei Gedanken mit auf den Weg, ohne allzu biblisch zu werden.

„Im Anfang war das Wort", so steht es am Anfang des Johannesevangeliums. Ich verstehe darunter, dass wir im Zuge der Schöpfung diese zuallererst denken und benennen können müssen. Dann können wir sie auch schaffen und gestalten.

In der Apostelgeschichte 3, 1–10 wird von Jesus berichtet, der zu einem Gelähmten sprach: „Steh auf und geh!". Da stand der Gelähmte auf und ging. Verstehen Sie die Wucht seiner Worte? Jesus sagte nicht „Ich trage Dir den Hintern nach." Er sagte „Steh auf und geh!".

So, und jetzt erzähle ich Ihnen von den sieben möglichen Post-Corona Gesellschaften. Als Erzählform wähle ich die Methode des Szenarios. Das Szenario entstammt der Commedia dell'arte – der Stehgreifkomödie – die Mitte des 16. Jahrhunderts in Norditalien erfunden wurde. Die Commedia dell'arte zeigte Frauen zum ersten Mal als gleichberechtigte, wenn nicht gar überlegene Figuren auf der Bühne, doch das nur am Rande. Ein Szenario beschrieb die Rahmenhandlung, alles andere war Improvisation.

Heute verwendet man Szenarien, um mögliche Zukünfte zu beschreiben. Szenarien geben uns eine Vorstellung davon, wie Zukünfte aussehen können. Ob und in welcher Ausprägung diese Zukünfte Wirklichkeit werden, hängt im Wesentlichen von unseren Fähigkeiten, unserer Verfassung und unserer Vorstellungskraft ab. Szenarien dienen dazu, Bedrohungen und Chancen zu erkennen. Szenarien dienen dazu, etwas nicht zu wollen oder es mit ganzer Kraft zu wollen. Szenarien öffnen den Blick für das Mögliche und geben uns die Kraft, eine gute Zukunft gestalten zu wollen. Szenarien dienen dazu, auf der Grundlage von Tatsachen, Wahrscheinlichkeiten und Möglichkeiten selbstbestimmt zu handeln. Es liegt an uns, welche Zukunft wir wollen!

Die folgenden sieben Szenarien sind eine extrem verkürzte, plakative Darstellung möglicher Zukünfte. Nichtsdestoweniger sind alle Szenarien präzise durchdacht. Sie gründen auf ausgiebigen Recherchen, Experteninterviews und Beobachtungen der aktuellen Zeitläufte. Alle Gedanken sind als Stichworte notiert, einfach, weil ich will, dass diese Ihre Fantasie und Vorstellungskraft anzünden und Sie anregen, selbst weiter zu denken.

Szenario 1: Der Zusammenbruch
Die atomisierte Clan-Gesellschaft

- Insolvenzwellen reißen die Wertschöpfungsketten auseinander

7 Nachhaltigkeit braucht Grenzen

- Zusammenbruch des Mittelstandes
- Massive Verarmung breiter Bevölkerungsgruppen
- Das politische System kollabiert – Verweigerung des Vertrauens
- Das Finanzsystem kollabiert – Vertrauensverlust in den Euro
- Die öffentliche Versorgung bricht zusammen
- Clanstrukturen etablieren sich im Machtvakuum

Szenario 2: Zur Hölle mit dem Wandel
Die restaurierte Endzeit-Gesellschaft

- Kampf um die Wiederherstellung des Prä-Corona-Wohlstandes
- Investitionen in höhere Produktivität – ökonomisch gestützter digitaler Wandel
- Ankurbelung des privaten Verbrauchs – steuerliche Anreize für E-PKW und Hausbau
- Konzentration der öffentlichen Mittel auf Stützung und Stärkung der Wirtschaft
- Stärkung der Eigenverantwortung der Bürger*innen – Gesundheit, Bildung, Vorsorge
- Rückzug des Staates auf Kernleistungen – massive Einsparungen im Sozial- und Kulturbereich
- Restauration der Werte – Rückkehr der alten Welt-Ordnung (Familie, Leistung, Patriarchat)

Szenario 3: Für immer Krise
Die hypernervöse Misstrauens-Gesellschaft

- Jede/r und alles ist potenziell gefährlich
- Verengung des Toleranzkorridors – jede Abweichung kann eskalieren
- Alles kann jederzeit außer Kontrolle geraten – der Fluch der Exponentialfunktion

- Aggressive Durchsetzung von Sofortmaßnahmen – die Dominanz der Kurzfristigkeit
- Die neue Klugheit des Misstrauens: Vertrauen, langfristiges Denken, Partnerschaften sind dumm
- Alles wird immer hinterfragt – Demokratie, Wirtschaftssysteme, Normen, Spielregeln
- Alles muss bewiesen werden – was nicht bewiesen werden kann, ist gelogen

Szenario 4: Primat der Sicherheit
Die Sicherheit-über-alles Gesellschaft

- Nationen im Aufwind – Grenzen, Pässe, Visa
- Staatlich kontrollierte Gesundheit
- Neue Unverletzlichkeit – Volksgesundheit vs. Selbstbestimmung
- Menschen und Waren kontrollieren, verfolgen, isolieren, aussortieren
- Städte sind risikoreiche Orte der Verrichtung von Arbeit – Landluft macht frei
- Keimfreie Produkte, Begegnungen und Gedanken
- Alternativlose Autorität der Wissenschaft

Szenario 5: Kuscheln im Privaten
Die abgeschottete Kirchturm-Gesellschaft

- Wir von hier – das Vertrauen konzentriert sich auf die eigenen kleinen Kreise
- Selbst ist das Dorf-Versorgung, Vorsorge, Verbundenheit, Veranstaltungen
- Digitale Anbindung an die Welt da draußen – Arbeit, Gesundheit, Bildung
- Analoge Anbindung an die Welt hier drinnen – mitmachen, mitgestalten, mithelfen

- Das Private wird wieder politisch – Finger weg von unserem Dorf, wir haben eigene Regeln
- Neue Nahraumerfahrung – verlässlich, vertrauensvoll, übersichtlich
- 30 km weiter haben wir nichts verloren – und die anderen bei uns auch nicht

Szenario 6: Die neue Vereinbarung
Die Veränderungs-Gesellschaft

- Neue Lernfähigkeit – bewährtes Gutes und hoffnungsfrohes Neues werden kombiniert
- Neue Spielregeln für Arbeit, Konsum, Miteinander – alles wird glokal
- Neue Klugheit – Verzicht auf vieles: nicht machen, nur weil wir es können (Tourismus, Mobilität, Konsum)
- Neue Widerstandsfähigkeit gegen Entwicklungen, die uns geschadet haben (Neoliberalismus)
- Neue Entdeckerfreude – wir betreten neugierig ökonomisch, ökologisch und sozial Neuland
- Neue Gemeinsamkeit – lebendige Solidarität und Gemeinschaft sind wertvoll
- Neue Verbundenheit mit der Nachbarschaft und der ganzen Welt

Szenario 7: Renaissance 2025
Die Wiedergeburts-Gesellschaft

- Gemeinwohlorientierte Politik und sozial-ökologische Ökonomie dienen der Wohlfahrt aller
- Der Natur wird eine subjektive Rechtsposition zuerkannt – die Menschenrechte sind Teil derselben
- Kultur und Teilhabe sind die tragenden Säulen der Gesellschaft

- Das menschliche Maß wird zum Primat des Handelns – Abschied von der Gigantomanie
- Innovationen in allen Feldern der Wissenschaft dienen der Verbesserung der Lebensverhältnisse
- Schönheit ist das allem Schaffen innewohnende universelle Gestaltungsprinzip
- Die Welt ist ein guter Ort für alle – für Mensch, Tier und Natur

Wenn ich jetzt einen Wunsch frei hätte, dann den, dass wir an diesem Punkt gemeinsam weiterdenken und weiterarbeiten. Ich meine das ernst!

Epilog

Die skizzierten Handlungsfelder und Handlungsempfehlungen geben einer möglichen neuen Gesellschafts- und Wirtschaftsordnung eine Gestalt, sie beschreiben eine Rahmenhandlung, innerhalb derer wir unser Zusammenleben neu verhandeln müssen. Der als witzig gemeinte Satz „Warum tun wir das? – Weil wir es können!" muss dem nicht ganz so witzigen Satz weichen „Warum lassen wir das? – Weil es gut für alle ist!" Das Anything-Goes der hyperaktiven Globalisierung mit dem Prinzip der Ausbeutung muss ein Ende haben – weil es gut für alle ist. Für die Menschen, für die Natur und für unser gedeihliches Miteinander.

Wir können uns auch fragen, was passiert, wenn wir einfach weitermachen wie bisher – nach Corona wäre vor Corona. Die Ungleichheit auf der Welt wird zunehmen, die Flüchtlingsströme werden weiter anschwellen und wieder und wieder an die Mauern Europas branden – das Lebensglück von Abermillionen Menschen wird vernichtet, die Umweltzerstörung wird der Immer-Mehr-Logik folgend exponentiell steigen – denn alle wollen immer mehr. Die Spaltung der Gesellschaften wird sich vertiefen, die neuen politischen Mitten finden wir an den linken und rechten Rändern – wir riskieren die Aushöhlung unserer Demokratie, der Heuschreckentourismus schwemmt wieder Billigtouristen in jede Ritze unserer Erde, der Klimawandel wird sich beschleunigen – die Pole schmelzen und (Achtung: Sarkasmus) endlich ist die Nordpassage ganzjährig frei für noch mehr Warentransporte in noch kürzerer Zeit, die Artenvielfalt wird weiter rapide abnehmen, immer mehr Menschen werden in denaturierten Monsterstädten übereinander gestapelt.

Im Kleinen: in Leipzig werden wieder die Touristen-Doppelstöcker durch die Stadt stinken und in den Parks dröhnen wieder dicht an dicht die Bluetooth-Boxen, die öffentlichen Mülleimer werden wieder von Pizzakartons überquellen, durch die Straßen wird wieder der Dieselmief wabern, viele Menschen sind wieder auf entwürdigende Jobs angewiesen. Ich finde diese Vorstellung nicht schön.

Schön fand ich einen Tagtraum, ein längeres Gedankenspiel. Was wäre, wenn der Corona-Virus sich in unseren Gehirnen festsetzt und so lange bei uns bleibt, bis er unsere Dummheit aufgefressen hat? Schön fände ich es, wenn wir gemeinsam – in jedem Dorf und in jeder Stadt, in jedem Land und auf jedem Kontinent und alle zusammen auf unserer Welt eine großartige Welt schaffen, die das Lebensrecht aller Lebewesen achtet. Aus der Nummer kommen wir Menschen nicht raus. Wir sind verantwortlich für das, was wir tun und was wir lassen.

Damit verbunden sind gar erschröckliche Konsequenzen. Der von uns in der westlichen Welt als kommod empfundene Wohlstand muss sinken. Unsere denaturierte Art zu leben muss ein Ende haben. Natürlich bedeutet das weniger Konsum, es bedeutet weniger Güter in höherer Qualität; Güter, die länger halten und reparierbar sind. Es bedeutet mehr Subsistenzwirtschaft, eine ausgeglichene Außenhandelsbilanz, denn es kann nicht sein, dass Deutschland Europa ökonomisch erstickt. Wir bedürfen einer Ökonomie mit einer stabilen Binnennachfrage. Was in Deutschland produziert wird, dient vorrangig unserer eigenen Bedarfsdeckung. So zirkuliert das Geld und wirkt wohltätig – vom anständig bezahlten Arbeitsplatz bis zum geschätzten Qualitätsprodukt, das man sich dank der anständigen Bezahlung auch leisten kann. Und wenn jemand für sein Lebensglück einen Ferrari braucht, dann bezieht er eben sein rotes Geschoss aus Italien und bezahlt die in Deutschland entgangene Wertschöpfung als Zoll. Freihandel macht unfrei, gezügelter Handel macht frei. Es ist wie mit dem Feuer. Entfesselt im trockenen Wald richtet es Verwüstung an, gebändigt im Ofen ist es ein Segen.

Das neue Miteinander bedeutet vor allem mehr Verantwortung für jeden von uns. Es kann nicht sein, dass Vater Staat dauerhaft transferleistungsbedürftige Lebensentwürfe finanziert. Kinder sind Privatsache. Es kann nicht sein, dass Menschen Kinder in die Welt setzen, die bereits im Krabbelalter in der Kita entsorgt werden. Kinder sind ein Segen, Kinder sind ein Geschenk und Kinder sind eine Verpflichtung. Wenn ich Kinder in die Welt setze, dann kümmere ich mich doch bitte selbst um ihre Erziehung. Und mit fünf Jahren kommt dann der Kindergarten für die Schulvorbereitung und dann kommt das Kind in die Schule und dort lernt es rechnen, schreiben, lesen und alles, was es braucht, um seinen Weg zu finden und im Leben klarzukommen.

Es kann nicht sein, dass Menschen in Deutschland leben, die der Landessprache auch nach vielen Jahren nur rudimentär mächtig sind und deshalb niemals eine Chance auf ein selbstbestimmtes Leben haben. Lasst endlich die gute Energie unserer zugewanderten Neubürger*innen frei, entlasst sie aus dem Würgegriff der sich wirklich um alles kümmernden pädagogisierten Fürsorgeindustrie und lasst sie endlich machen. Denn sie wollen wie wir alle nur eines: ein gutes Leben eigenverantwortlich in Würde führen. Sie wollen, was wir alle wollen: eine erfüllende, gute Arbeit, eine gute Schule für ihre Kinder, ein schönes Zuhause, abends gemeinsam essen und ab und zu mit Freunden und Nachbarn grillen. Ich vermute, es liegt nicht an den Einwanderern, es liegt an unserem System, es liegt an unseren Spielregeln. Unsere Einwanderungs-Flüchtlings-Asylanten-Zuwanderungs-Geschichte ist eine grausame Geschichte mit einem „Bad End". Unser System deformiert die Menschen, weil wir sie zu lange in „Gefangenschaft" leben lassen.

Ein berühmtes medizinisch-wissenschaftliches Beispiel ist – neben der pawlowschen Konditionierung – die Geschichte von den (un)angeleinten Hunden im geteilten Käfig, dessen eine Hälfte unter Strom gesetzt wird. Waren die Hunde zu lange angeleint, ertragen sie die Schmerzen, obwohl sie den Käfig wechseln könnten.

Kennen Sie die Geschichte vom Dackel (Teckel)? Eine Familie kauft sich einen Welpen und Mama, Papa, Tochter und Sohn freuen sich sehr. Der Dackel wird sehr verwöhnt mit Marmeladenbrötchen und Pasteten auf Toast, der Dackel darf auf der Ofenbank schlafen und der Dackel wird größer und dicker und irgendwann ist er so dick, dass sein Bauch beim Schlendern durch das Haus auf dem Boden wetzt. Eines kalten Wintertages – es sind viele Jahre vergangen – reißt der halbwüchsige Sohn die Tür zur Stube auf, in der sich der dicke Dackel kurzatmig und leise furzend auf der warmen Ofenbank räkelt und der Sohn ruft dem Dackel in dem kaltem Luftzug zu: „Dackel, ich habe eine tolle Idee. Wir gehen auf die Jagd."

Es kann nicht sein, dass wir Arbeitsplätze schaffen, deren Lohn nicht zum Leben reicht. Der Mindestlohn unterhalb einer menschenwürdigen Existenz ist hierbei die falsche Antwort, einfach, weil wir die häufig notwendige Aufstockung aus Steuergeldern und damit die verbrecherischen Geschäftsmodelle der Ausbeutung und Entwürdigung finanzieren. Also Schluss mit der Backwarenindustrie, an deren Ende ein Backlinge erhitzender Teilzeitjobber steht. Her mit dem Handwerk und dem Beruf des Bäckers, der sein Quartier mit echten Brötchen-Semmeln-Weckla versorgt und geachtet wird für seine Kunst.

Schluss mit den spintisierenden Träumen vom bedingungslosen Grundeinkommen. Wissen Sie, wem das nützt? Allen Unternehmen, die sich vollständig aus der Verantwortung ziehen wollen. Mit dem bedingungslosen Grundeinkommen werden die Kosten der Arbeit endgültig vergesellschaftet. Statt eines vernünftigen Lohnes nuckeln die Arbeitnehmenden an dem breiigen Nachhaltigkeitsgelaber, sie würden mit ihrer Arbeit eine bessere Welt schaffen. Die Websites vieler Unternehmen quellen ja heute bereits von dem Weltrettungsgeschwafel über: „Für jeden gekauften Schokoriegel pflanzen wir einen Baum". Derartige Augenwischerei stößt mir übel auf.

Ein Teil der Wahrheit ist auch: das Leben ist ein Haufen Arbeit. Die unzähligen Versuche, ein anstrengungsfreies Leben zu schaffen, sind alle kläglich gescheitert. Die Einführung der Atomkraft in den 1960er Jahren in Deutschland – gefördert von der SPD – diente dem Ziel, den Arbeiter zu entlasten. Die Ausbeutung der Menschen in Afrika, China, Südostasien und Südamerika für das, was wir Wohlstand nennen, ist ein Menschheitsverbrechen. Wir müssen wieder selber anpacken und ranklotzen und uns aus eigener Kraft ein schönes Leben schaffen. Damit verbunden wäre auch, die vielen nutzlosen und die insbesondere für einen aus eigener Kraft gelingenden Lebensentwurf ungeeigneten Studiengänge abzuschaffen, das Handwerk zu stärken und endlich den Dienst am Menschen von der Pflege bis zum Arztberuf anständig zu bezahlen.

Und da wäre auch meine – neben all den Sympathien für die „Fridays For Future"-Bewegung – Kritik. Dann macht halt, strengt euch an, lernt was Anständiges, macht es vor und macht es besser. Schafft einen besseren Gesellschafts-Entwurf mit Strahlkraft. Agitieren, Fordern, Besserwissen, sprachlich streng genormter Korrektdenk und freitags schulschwänzend selbstgemalte Pappschildchen hochhalten reicht einfach nicht. Am Rande: Damit berauben sich die FFF-Kids des wertvollsten Rohstoffs, den es gibt: Wissen. Sie verzichten auf 20 % steuerfinanzierten Unterricht. Das ist Diebstahl an der Gemeinschaft und schlicht dumm.

Neben den gerne lauthals eingeforderten Bürgerrechten müssen auch ganz deutlich die Bürgerpflichten treten. Pflicht bedeutet zum Beispiel, einen Beruf zu erlernen und auszuüben, der einen selber und die eigene Familie trägt. So entstehen Würde und Teilhabe am großen Ganzen. Wir brauchen Berufe, die die Menschen wirklich brauchen, wir brauchen Menschen, die ihren Allerwertesten hochkriegen und sich selber tragen. Wer sich selbst trägt, fällt niemandem zur Last. Wer sich selbst trägt, zwingt andere nicht ins Joch, für sie mitzuschuften. Wenn sich viele selber tragen, dann können wir die mittragen, die unserer Hilfe tatsächlich bedürfen. Mittragen bedeutet nicht alimentieren.

Zurück zum Anfang: „Es gibt kein richtiges Leben im falschen". Natürlich brauchen wir gute Gesetze, die das Neue befördern, dafür müssen wir kämpfen. Wir brauchen ein System, innerhalb dessen ein gutes und ausbeutungsfreies Leben möglich ist. Und wir brauchen eine gesellschaftliche Vereinbarung, in der jeder von uns, der Verantwortung übernimmt, Wertschätzung erfährt.

Wir brauchen Lösungen. Für die Produktion, den Handel, den Transport und für den Konsum. Für unser tägliches Handeln, für unsere Mobilität, für unsere Haltung zur Welt, für unsere Bildung, für die Art und Weise, wie wir wirtschaften, wie wir mit Ressourcen umgehen und wie wir miteinander umgehen. Wir alle und jede/r Einzelne sind gefordert – die Akteur*innen in der Politik, in der Gesellschaft und in der Wirtschaft.

Nachhaltig wirtschaften ist eine Leistung, die wir Menschen vielleicht nicht vollbringen können. Nachhaltig wirtschaften wäre allein durch unser vernünftiges Großhirn gesteuert. Unsere Entscheidungen wären umfassend rational, wir würden alle Folgen mitdenken und wir würden als gleichgewichtige Grundlage für alle Entscheidungen zum möglichen Tun auch das mögliche Unterlassen mit heranziehen. Es gäbe keine Kategorien mehr von „Haben" und „Nichthaben." Auch das Nicht-Haben wäre Teil des Habens und Nicht-Haben wäre Teil des Wohlstandes. Nachhaltig wirtschaften gelingt ausschließlich, wenn wir unsere Haltung zur Welt – zum Sein und Haben – fundamental ändern. Und zur Unmöglichkeit der Vernunft müsste sich der Anstand gesellen, ein Anstand aus sich selbst heraus ohne drohende Repressionen, Kontrollen und Strafen.

Weiter gedacht stellt sich die Frage, ob nachhaltiges Wirtschaften innerhalb einer Demokratie möglich ist? Brauchen wir eine Ökodiktatur? Ich breche den Gedanken hier ab, weil mir meine Ideologieallergie bei diesem Gedanken den Atem nimmt, doch eine neue gesellschaftliche Vereinbarung brauchen wir auf jeden Fall. Es gibt hier zum Beispiel den seit Jahrzehnten kursierenden Gedanken, der Natur eine eigene Rechtspersönlichkeit und damit ein Recht auf Würde zu geben.

Unser Großhirn ist prima, es ist erfindungsreich, es kann imaginieren und es ist kreativ. Leider ist unser Großhirn langsam und leise, es wägt ab. Unser Trieb ist schnell und laut, er will. Unser Großhirn ist in weiten Teilen wider unsere gierige Natur. Lesen Sie die Geschichte von den Geschicken der Menschen auf den Osterinseln (einfach mal googeln) und Sie bekommen eine Vorstellung davon, wie das mit unserer Erde ausgehen wird, wenn wir so weitermachen. Zur permanent wachsamen Leistung unseres Großhirns käme noch hinzu, sich weltweit einig zu sein und noch unvorstellbarer, dauerhaft in Frieden miteinander zu leben. Warum ich das schreibe? Mein Großhirn sagt, „das wird nix", mein Glaube sagt „wirke, wo Dich Gott hingestellt hat."

GPSR Compliance
The European Union's (EU) General Product Safety Regulation (GPSR) is a set
of rules that requires consumer products to be safe and our obligations to
ensure this.

If you have any concerns about our products, you can contact us on

ProductSafety@springernature.com

In case Publisher is established outside the EU, the EU authorized
representative is:

Springer Nature Customer Service Center GmbH
Europaplatz 3
69115 Heidelberg, Germany

www.ingramcontent.com/pod-product-compliance
Lightning Source LLC
LaVergne TN
LVHW011004250326
834688LV00004B/67